Editorial

Die Psychotherapie beginnt Forschungsergebnisse von Nachbardisziplinen nicht nur aufzunehmen, sondern geradezu aufzusaugen. Forschungsergebnisse nehmen unmittelbar Einfluss auf die Behandlungstechnik und führen zu Veränderungen, die mit dem Begriff »Modifikation« nicht mehr erfasst werden. Eine störungsspezifische Komponente wird neben einer unspezifischen allgemein-psychotherapeutischen Komponente die Psychotherapie der Zukunft bestimmen. Die Arbeit mit körperlich traumatisierten Menschen ist ein Beispiel dafür. In einer solchen Situation ist alles fragwürdig in einem doppelten Sinn. Neurophysiologische Ergebnisse sind zum Verständnis der Stressverarbeitung hilfreich, werden aber auch zu »Neuromythen«. Das von Ulrich Sachsse vorgestellte Distress-Modell von Panksepp wird etwa von der Arbeitsgruppe um LeDoux abgelehnt. Psychotherapeuten arbeiten mit Modellen, deren Brauchbarkeit sich aber nicht nur an ihrer Validierung durch Neurophysiologie allein festmachen lässt, sondern unter Umständen nur daran, wie hilfreich sie im Kontext ihrer Arbeit sind. Sie sollten dann aber nicht den Fehler begehen, »hilfreich = richtig« zu setzen. Das wäre ähnlich fatal wie die Gleichsetzung von Korrelation und Kausalität im naturwissenschaftlichen Kontext.

Inge und Hans Krens wenden Forschungsergebnisse über pränatale Beziehungserfahrungen an, um zu einem neuen Verständnis von Persönlichkeitsstörungen zu finden. Jede Versprachlichung präverbaler Erfahrungen beinhaltet die Gefahr, durch die Wahl der Metaphern Erwachsenenerfahrung in die präverbale Erfahrung zu projizieren. Andererseits: Es handelt sich ja auch »nur« um eine Metapher, deren Wert sich in der therapeutischen Arbeit zeigen muss. Es ist zwar anzunehmen, dass die Differenziertheit und Brauchbarkeit von Metaphern mit ihrer Nähe zum neurophysiologischen Substrat zunimmt, aber eine völlige Übereinstimmung zwischen dem Bild von der Innenwelt und seinem materiellen Substrat kann es und soll es auch nicht geben. Sabine Trautmann-Voigt stellt in ihrer Arbeit über kreative Selbstinszenierungen bei Persönlichkeitsstörungen ihre behandlungstechnischen Konsequenzen dar. Der Tanz, die Bewegung, der Ausdruck und die Mitteilungen des Körpers werden diagnostisch und therapeutisch in die Arbeit einbezogen. Vielfach löst diese Arbeit die klassisch psychoanalytische Arbeit in und an der Übertragung in der therapeutischen Beziehung ab. Für Traumatisierte scheinen sich Therapiestrategien zu bewähren, die eine strikte Trennung von Arbeitsbeziehung und therapeutischer Bühne auch durch die Wahl des Settings herbeiführt. Aber ist dies erforderlich? Renate Hochauf stellt eine psychoanalytische Vorgehensweise zur Rekonstruktion früher traumatischer Erfahrungen zur Diskussion, bei der imaginative Arbeit und Arbeit an der Genese eingebunden sind in die übertragungsfokussierte Arbeit zwischen Patientin und Therapeutin. Sind Modifikationen der Technik nicht doch ausreichend? In einer Zeit der Meinungsvielfalt sind empirische Untersuchungen besonders klärend. Hertha Richter-Appelt stellt Ergebnisse aus der Hamburger Studie zu Körpererfahrungen und Sexualität bei sexuell traumatisierten Frauen dar. Univariate Zusammenhänge zwischen Missbrauch oder Misshandlung mit bestimmten Folgeerscheinungen sind danach unwahrscheinlich.

Die Arbeit mit Traumatisierten bleibt trotz aller wissenschaftlicher Erkenntnisse eine schwierige Gratwanderung zwischen den beiden Gefahren, entweder Traumatisierungen des Körpers und der Seele nicht ernst genug zu nehmen, wenn man die Tatsache des Traumas hinterfragt, oder andererseits, der Komplexität menschlicher Entwicklung auszuweichen, indem man alles einer Ursache allein zuschreibt. Im zweiten Falle würden alte Mythen nur von neuen Mythen abgelöst. Wir sind uns durchaus bewusst, dass alle Hypothesen ihren »mythologischen« Anteil haben, wir möchten ihn nur so klein wie möglich halten.

Wolfgang Berner und Ulrich Sachsse

© 2003 Schattauer GmbH, Stuttgart

Ulrich Sachsse

Distress-Systeme des Menschen

Schlüsselwörter
Distress-System Panik, Distress-System Furcht, Bindungstrauma, Gehirnentwicklung, Dissoziation

Zusammenfassung
Auf der Basis der Arbeiten von Jaak Panksepp und Allan M. Schore wird in diesem Artikel das Distress-System Panik dem Distress-System Furcht gegenübergestellt. Holzschnittartig geht es einerseits um das Cluster Panik – periaquäduktales Grau PAG – laterales Septum – Gyrus cinguli – Glutamat – Opioide – Bindung – Parasympathikus – trophotroper Zustand – Hypometabolismus - Freeze – Dissoziation, andererseits um das Cluster Furcht – Locus coeruleus – Amygdala – präfrontaler Kortex – Noradrenalin – Kortisol – Feind – Sympathikus – ergotroper Zustand – Hypermetabolismus – Kampf und Flucht – Kognition und Lernen. Aktuelle Ergebnisse der Hirnforschung belegen, wie die wesentlichen Regulationsmechanismen des Selbst, der Affekte und der zwischenmenschlichen Beziehungen durch traumatisierende Bindungserfahrungen in der Kindheit (relational trauma/attachement trauma) dauerhaft geschädigt werden können.

Keywords
Distress system panic, distress system fear, attachement traumata, brain development, dissociation

Summary
This article differentiates the distress systems panic versus fear, based on works of Jaak Panksepp and Allan M Schore. On the one side we find the cluster panic – periaqueductal gray PAG – lateral septum – gyrus cinguli – glutamate – opioids – attachment – parasympathetic autonomic nerve system – trophotropic state – hypometabolism – freeze reaction – dissociation, on the other side the cluster fear – enemy – sympathetic autonomic nerve system – ergotrophic state – hypermetabolism – fight and flight – cognition and learning. Actual results of brain research show that the central regulation of the self, the affects, and the interpersonal relations are impaired permanently by relational traumata/attachment traumata during early childhood.

Distress systems of humans

Persönlichkeitsstörungen 2003; 1: 4–15

Der derzeitige Wissensstand in der Hirnforschung erlaubt es im Grunde genommen nicht, Tatsachen-Sätze zu formulieren. Jeder Satz müsste beginnen mit einer Formulierung wie: »Vieles weist darauf hin, dass ...« – »Gegenwärtig wird intensiv diskutiert, ob...« – »Erste Befunde lassen die Vermutung zu, dass ...« – »Möglicherweise bestätigt sich aus ersten tierexperimentellen Ergebnissen auch beim Menschen, dass ...« Ich bitte den Leser, alle Sätze dieses Artikels mit solchen Einschränkungen zu versehen. Sehr fatal wäre es, beim derzeitigen Wissensstand feste Überzeugungen zu entwickeln oder anzunehmen, irgendetwas stände bereits fest. Die Auseinandersetzung mit dem Phänomen der Hippokampusatrophie besonders der rechten Hirnhemisphäre in den Jahren zwischen 1995 und 2000 ist in dieser Hinsicht ein Lehrstück (Bremner et al. 1995; Sapolsky 2000).

Die hirnphysiologischen Forschungen der letzten Jahre haben ergeben, dass in den seltensten Fällen Erklärungsmodelle richtig sind, die für ein wichtiges Element menschlichen Verhaltens ein Gehirnzentrum suchen. Offenkundig kommen wir nicht mit einem Aggressionszentrum, einem Zentrum für Liebe, einem Zentrum für Sexualität, einem Zentrum für Sucht und einem Zentrum für Gedächtnis auf die Welt. Vielmehr sind alle unsere wesentlichen Gehirnleistungen Resultat kom-

---

Prof. Dr. med. Ulrich Sachsse, NLKH Göttingen, Fachklinik für Psychiatrie und Psychotherapie, Rosdorfer Weg 70, 37081 Göttingen

© 2003 Schattauer GmbH, Stuttgart

plizierter Kooperationen zwischen **unterschiedlichen Zentren,** die in der Evolution bis weit ins Tierreich hinein zurückzuverfolgen sind. Die meisten wichtigen Systeme sind zudem offenkundig an Strukturen sowohl auf Hirnstammebene, auf Ebene des limbischen Systems als auch im Kortex gebunden (Roth 2001). So haben wir zum Beispiel nicht ein System für Aggression, mit dem wir auf die Welt kommen, das sich durch unsere Erfahrungen in der Kindheit ausdifferenziert und mit dem wir als erwachsene Menschen dann mehr oder weniger sozial durchs Leben kommen. Territoriale Aggression, wie sie bei jedem Falken und jedem Haushund zu beobachten ist, ist an andere Gehirnzentren gebunden als jene Aggression des Futterneides, mit der wir uns »wie die Geier« den besten Bissen wegschnappen. Aggression eines Muttertieres, das seine Jungen verteidigt, ist an andere Zentren gebunden als die Aggression kämpfender Männchen, die um Weibchen rivalisieren (Panksepp 1999). Ähnlich ist es mit unserem Gedächtnissystem. Wir können ein implizites und ein explizites Gedächtnis unterscheiden, ein episodisches und ein prozedurales, ein semantisches und ein Ergänzungsgedächtnis (Markowitsch 2001).

Klinisch besonders wichtig ist für mich die Einteilung der Distress-Systeme von Jaak Panksepp (1999) geworden, dessen Unterteilung etwa auch von der Arbeitsgruppe um Spiess am Max-Planck-Institut MPI für experimentelle Medizin Göttingen kritisch beforscht wird (Radulovic et al. 2001). Danach haben wir mindestens zwei ganz unterschiedliche Systeme, die an unterschiedliche Hirnzentren gebunden sind und mit unterschiedlichen Neurotransmittern sowohl bei der Erregung als auch bei der Beruhigung arbeiten. Panksepp bezeichnet diese Systeme als Paniksystem und als Furchtsystem. Diese Ergebnisse von Panksepp aus den Tierforschungen sind in letzter Zeit wesentlich ergänzt worden um Befunde aus der Bindungsforschung, der Säuglingsforschung und der Untersuchung von Erwachsenen und Kindern mit Hirnschäden beziehungsweise den Elektrostimulationsstudien vor Hirnoperationen. Hier beziehe ich mich auf die umfassende Zusammenfassung von Schore (2001).

Paniksystem versus Furchtsystem (Jaak Panksepp)

Wir kommen mit beiden Systemen ausgestattet auf die Welt. Das Paniksystem reagiert mit Distress-Empfindungen, wenn es uns nicht gut geht und wir uns hilflos-ohnmächtig als Säuglinge oder Kleinkinder mutterseelenallein in der Fremde fühlen. Wird dieses Distress-System aktiviert, so reagieren kleine Tiere damit, dass sie Laute von sich geben. Beim Küken bezeichnet man die als Piepsen, bei Hunden als Jaulen, beim Menschen als Weinen oder Schreien. Da dies sehr unwissenschaftlich klingt, sprechen Wissenschaftler von **Distress Vocalisations,** kurz DVs. Diese Distress Vocalisations sind wohl bei den meisten Tieren so angelegt, dass Muttertiere – manchmal auch Vatertiere – auf sie reagieren. Bei Menschen ist nachgewiesen, dass Frequenz und Klang von Distress Vocalisations der Säuglinge exakt so sind, dass sie für Erwachsene besonders unangenehm sind. Besagte Distress Vocalisations setzen bekanntlich Mütter unter Stress. Die Distress Vocalisations der Säuglinge rufen in der Mutter eine Stressreaktion hervor. Die Mutter entwickelt den intensiven Wunsch, der Stress möge aufhören. Dies führt dazu, dass sie etwas tut, was den Säugling wieder still sein lässt, zum Beispiel »stillen«. Die Mutter kann die eigene Stressphysiologie nur herunterregulieren, indem sie die Stressphysiologie des Säuglings beruhigt. Das ist für beide dann, wenn es gelingt, sehr befriedigend und bindungsfördernd. Hier bekommt der Säugling wichtige Prägungen für den Umgang mit der eigenen Stressphysiologie vermittelt. Klinisch ist damit auch schon klar, was diesen Distress beendet: Anwesenheit der Mutter, Körperkontakt, Nähe. Wir bewegen uns hier im Feld des Bindungssystems.

Distress Vocalisations sind tierexperimentell durch Elektrostimulation auslösbar. Dann kann man schauen, welche Hirnareale mit welchem Verhalten korrelieren. Bei Menschen kann und muss man dies tun, wenn Hirnoperationen anstehen. In diesen Fällen muss man durch Reize feststellen, welche benachbarten Hirnfelder welche Funktionen haben, und welche bei der hirnchirurgischen Behandlung etwa einer Epilepsie oder eines Tumors auf jeden Fall erhalten bleiben müssen. Auch daraus lassen sich natürlich Forschungsschlüsse ziehen. Im Wesentlichen haben sich als Zentren für Distress Vocalisations herausgestellt: das periaquäduktale Grau PAG in der Formatio reticularis auf Hirnstammebene, das laterale Septum im limbischen System, bei Tieren mit ausgeprägtem Kortex der Gyrus cinguli. Dies sind andere Zentren, als sie bei der Furchtreaktion diskutieren werden.

Erregt wird dieses System im Wesentlichen durch den **Neurotransmitter** Glutamat. Es ist ein besonders weit verbreiteter, unspezifischer Neurotransmitter. Glutamat ist auch aus der asiatischen Küche bekannt und einige Menschen reagieren auf Glutamat diffus vegetativ mit Handschweiß, leichter Pulsbeschleunigung und diskreter Schweißproduktion auf der Stirnplatte. Beruhigt wird dieses System durch die Stoffgruppe der Opioide. Einige andere Stoffe wie Oxytozin wirken ebenfalls beruhigend und Oxytozin ist der vermutlich bindungsstiftendste Neurotransmitter, der bisher gefunden wurde. Oxytozin spielt eine Rolle bei der Geburt, beim Stillen und bei der Sexualität. Opioide werden bei Hautkontakt, bei Nähe, bei guter Musik und in vertrauter Umgebung ausgeschüttet. Wenn die wichtigste Person der Bindung und Beziehung also gerade nicht da ist, können Musik, angenehme Geräusche, vertraute Umgebung und Hautkontakt einer nicht ängstigenden anderen Person/Tier (das kann auch der Haushund sein) über Opioid-Ausschüttung beruhigend wirken.

Interessant ist nun ein weiterer Befund, den Panksepp referiert. Dieses System, das für die Mutterbindung und die Aufzucht der Jungen verantwortlich ist, scheint auch verantwortlich zu sein für **Herdenverhalten**. Soziales Verhalten wird bei erwachsenen Herdentieren über die gleichen Zentren und Stoffe hervorgerufen, die auch für Mutterbindung und den Schutz des Säuglings verantwortlich sind. So wie der Säugling nach der Mutter ruft, so rufen Herdentiere nach den anderen Tieren der Herde um Hilfe. Und in Gefahr scharen sich Herden zusammen und verteidigen sich gemeinsam. Das war nicht unbedingt zu erwarten. Denn ich sagte bereits, dass viele Zentren sehr spezialisiert sind. So ist das Zentrum für Fremdsprachen ein anderes als das für die Muttersprache. Und wir erkennen unser Spiegelbild mit einer anderen Region als die Gesichter fremder Menschen – Lacan hätte jubiliert! Insofern hätte es nicht überrascht, wenn für Herdenverhalten ganz andere Zentren zuständig wären als für Mutterbindung. Zweifelsfrei sind wir Menschen Herdentiere. Wir wären als Einzeltiere, allein in der Natur gegen andere wilde Tiere, nicht überlebensfähig gewesen. Unsere Evolutions-Karriere ist eng daran gebunden, dass wir als Herde oder Horde zusammenwirkten. Das gilt bis in die Gegenwart.

Dies bedeutet für einige Tiere, dass sie als Erwachsene ihr Paniksystem nicht mehr aktivieren. Es wäre für sie schlicht unfunktional, von einem bestimmten Alter ab nach Mama zu rufen, weil Mama nicht mehr käme. Das Paniksystem verkümmert dann, weil es nicht mehr gebraucht wird, und weil seine Aktivierung ineffektiv wäre. Aber auch schon für ganz kleine Tiere kann es problematisch sein, nach Mama zu rufen. Dies gilt für jene Situationen, in denen ein Raubtier in der Nähe ist, Mama zu weit weg oder Mama zu schwach ist. Dann ist es funktionaler, möglichst still zu sein, sich unbeweglich zu machen, sich ganz eng an die Erde zu pressen und keinen Mucks von sich zu geben. Diese »Freeze«-Reaktion der Erstarrung, des Todstellreflexes ist kleinen Tieren und Beutetieren angeboren und verfügbar. Innerlich scheint es dabei hoch herzugehen. In der **Freeze-Reaktion** sind Tiere vegetativ hochgradig erregt, sind im Hyperarousal, während sie muskulär erstarren, ihr Laut-/Sprachzentrum abschalten und möglichst leise atmen. Diese Arousal-Situation entspricht ziemlich genau dem, was Menschen berichten, die unter Panikattacken leiden. Es ist gut möglich, dass die Panikattacken des Menschen ihre biologischen Wurzeln in dieser Freeze-Hyperarousal-Reaktion des Tierreiches haben. Beim Menschen gibt es eine Notfall-Reaktion, die über diese Freeze-Reaktion der Panikattacken hinausgeht: die Dissoziation. Bei der Dissoziation wird nicht nur der Reizstrom nach außen unterdrückt wie bei einer Panikattacke, sondern auch derjenige nach innen. Ob sich Dissoziation auch im Tierreich findet, ist schwer feststellbar.

Gebunden ist dieses System eng an den **Parasympathikus**. Wenn wir Distress-Symptome des Paniksystems als Erwachsene bekommen, dann spüren wir die vegetativen Symptome der Angst:

Kloß im Hals, Druck auf der Brust, weiche Knie. Wir bekommen »Schiss« und würden uns am liebsten »verpissen«. Diese Symptome der Panik und Lähmung gehören zur Erfahrung von Ohnmacht. Wir entwickeln sie zum Beispiel dann, wenn wir auf eine Prüfung warten müssen. In dieser Zeit sind wir ohnmächtig, können nicht aktiv werden, rennen alle fünf Minuten zum Klo und schauen alle dreißig Sekunden auf die Uhr, wann dieser Zustand der Ohnmacht und des Wartens denn endlich zu Ende ist. Wenn die Tür zum Prüfungszimmer dann aufgeht, schalten wir (hoffentlich) das zweite System ein: das Furchsystem.

Das Furchtsystem und seine Störungen (Sachsse et al. 2002; Yehuda 2000) sind viel besser erforscht als das Paniksystem, das erst in letzter Zeit in den tierexperimentellen Blickpunkt gerät und auch für die Bindungsforschung beim Menschen erhebliche Bedeutung hat. Das Furchtsystem ist mit Kampf und Flucht, mit fight and flight verbunden, seine Physiologie ist bekannt und es ist die Basis für unsere kognitiven Lernschritte. Im Tierexperiment ist die Furcht-Konditionierung eine der zentralen Versuchsanordnungen und Panik sowie Kontext-Variablen des Experiments und Bindung sind »Störvariablen«. Während das Paniksystem eng mit dem Parasympathikus assoziiert ist, ist das Furchtsystem an den **Sympathikus** assoziiert. Auch für dieses System gibt es einen Kern in der Formatio reticularis: den Locus coeruleus, den blauen Kern, der dem Gehirn Noradrenalin zur Verfügung stellt. Ebenso scheint das periaquäduktale Grau PAG beteiligt zu sein, wie überhaupt eine solche Aufteilung nicht den Eindruck erwecken darf, es ginge hier um zwei voneinander isolierte und isolierbare Systeme. Vielmehr interagieren diese Systeme ständig. Auf der Ebene des limbischen Systems sind die Mandelkerne, die Amygdala, zentral. Der wichtigste Zentralkern ist zuständig für die aversive Alarmreaktion, fungiert als eine Art »Rauchmelder des Gehirns« (van der Kolk: pers. Mitt. 1997). Mit den Mandelkernen eng verbunden ist der Hippokampus, der Ordnung in die Sache bringt, Orientierung im Raum vermittelt und die Gefahr einordnen hilft. Der Hippokampus wirkt beruhigend auf die Mandelkerne. Gleichzeitig bezieht er alle wichtigen Kortexregionen mit ein, die zur Lösung der Gefahr erforderlich sind. Amygdala und Hippokampus wirken beide daran mit, dass wir aus Schaden klug werden, dass wir wieder etwas gelernt haben, dass uns die Sache jetzt endlich klar geworden ist. Da in dieses System ebenfalls die Muskulatur unverzichtbar einbezogen ist – schließlich geht es um Kampf oder Flucht –, sind hier auch Kleinhirnprozesse von großer Bedeutung.

Die wichtigsten erregenden **Neurotransmitter** dieses Systems sind Noradrenalin und Adrenalin. Werden sie im Gehirn aktiviert, erhöht das unsere Vigilanz, und wir suchen in unseren bereits verfügbaren Erfahrungsprogrammen nach Lösungen. Wenn es uns gelingt, aus einer Gefahrensituation durch Flucht, Kampf oder kluge Überlegung herauszukommen, fühlen wir uns hinterher erleichtert: geschafft! Ein solches Erfolgserlebnis hat im Gehirn neurobiologische Korrelate. Über Dopamin und Opiate belohnen wir uns und diese Lösung prägen wir uns ein – oder besser gesagt: Diese Lösung prägt sich uns ein. Erfolg, Erleichterung, das Gefühl der Bestätigung führen dazu, dass wir uns diese Lösung merken, die unseren Stress reduziert hat, und später darauf zurückgreifen. Das gilt dann natürlich auch für Lösungen wie Alkoholabusus, Bulimie oder ein Zwangsritual (Hüther 1997).

Wenn dieses System zu heftig oder zu lange aktiv bleibt, wenn wir aus einem Stress nicht herauskommen, dann springt über den Hypothalamus die so genannte **Stressachse** mit an, die HPA-Achse (Hypothalamus – Hypophyse/pituitary – Nebennierenrinden/adrenal glands-Achse). Im Hypothalamus (H) wird Corticotropin-Releasing-Factor CRF gebildet. CRF hat Rezeptoren im ganzen Körper, wandert auch in den Körper zu fast allen Organen. Auf dem kürzesten Weg gelangt es jedoch in die Hypophyse, auf Englisch pituitary (P). In der Hypophyse wird ein Makromolekül aufgeteilt und hinterher stehen Adrenokortikotrophes Hormon ACTH zur Verfügung und Betaendorphin. Immer dann, wenn ein Molekül ACTH entsteht, entsteht chemisch zwingend auch ein Molekül Betaendorphin. Wir erinnern uns: Endorphine beruhigen das Paniksystem. ACTH wandert zu den Nebennierenrinden (adrenal glands: A). Dort wird Kortisol gebildet. Kortisol ist daran beteiligt, das Furchtsystem wieder herunterzuregulieren und zu beruhigen (Kapfhammer 2001; Yehuda 2001). Wir produzieren also im Körper gleich unser eigenes Mittel für die Empfehlung: »Reg' dich ab!« Offenkundig ist unser Lernen, ist unser Kognitionssystem davon abhängig, dass wir etwas Stress haben. Nicht umsonst lautet eine Grundempfehlung der Pädagogik: »Leichte Schläge auf den Hinterkopf erhöhen das Denkvermögen.« Diese Empfehlung stimmt, wird aber oft nicht präzise dosiert angewendet. »Leichte« Schläge sind gedächtnisfördernd. Wird der Stress zu intensiv, dann kommt es zu einer massiven Kortisolanflutung. In niedrigen Dosierungen wirkt auch Kortisol gedächtnisfördernd. In zu hoher Dosierung unterbricht es aber die Bildung von Langzeit-Gedächtnisspuren. Dann konzentriert sich das Stressbewältigungssystem nur auf eine Frage: Wie komme ich aus diesem Stress so schnell wie möglich heraus? Und in dieser Situation subjektiver Lebensgefahr lernen wir im Allgemeinen nicht besonders gut.

Die **beiden Systeme interagieren** nun intensiv. So ist ein wichtiges Beruhigungssystem für das Paniksystem das Furchtsystem. Durch Einsicht, Kognition und Lernen können wir uns aus der Situation der diffusen Panik herausbegeben. Das versuchen wir auch und dies versuchen auch die Tiere. Wir machen uns Furcht, wenn wir eigentlich Panik haben, weil wir mit Furcht viel besser umgehen können, weil wir die Motorik einsetzen können, kämpfen oder flüchten können, und weil wir dann unsere Kognitionen nutzen können. Das ist uns im Zustand der lähmenden Panik eben gerade nicht möglich. Möglicherweise nutzen diesen Mechanismus ja seelische Störungen wie die Phobien, bei denen wir uns vor irgendetwas Furcht machen, um keine Bindungspanik zu entwickeln. Diese Vermutung hatte bekanntlich schon Sigmund Freud bei der Pferdephobie des kleinen Hans. Der kleine Hans konnte die Furcht vor Pferden wesentlich besser ertragen als die panische Angst vor seinem Vater. Wir sind ja auch bei psychotischen Erlebnissen verzweifelt bemüht, irgendeinen vernünftigen Grund zu finden. Dann konstruieren wir uns paranoide Wahnsysteme, die unsere Fehlwahrnehmungen rationalisieren und in unser bisheriges Welterleben einbauen. Das ist uns bei weitem erträglicher als das Chaos und die Panik der unsystematisierten Psychose. Insofern ist Furcht ein gutes Medikament gegen Panik. Und die Frage muss auch erlaubt sein, ob nicht Psychotherapie in vielerlei Hinsicht mit Rationalisierung arbeitet. Unser Patient kommt mit irgendwelchen diffusen, dumpfen, chaotischen Empfinden und wir versorgen ihn mit Erklärungen, die einem psychotherapeutischen Glaubenssystem entstammen, das mehr oder weniger rationale Elemente enthält, immer aber genug, dass der Patient sich mit diesem System besser verstehen und einordnen kann als bisher. So sind wir in der Lage, Sinn stiftende Konstrukte anzubieten, die dem Furcht-Kognitions-System helfen, das Panik-Bindungs-System zu beruhigen. Etwas problematisch ist, dass wir Therapeuten gerne glauben, unsere Sinn stiftenden Konstrukte seien naturwissenschaftliche Erklärungen. Wir setzen »hilfreich« = »richtig«. Dabei bleibt natürlich abzuwarten, ob die gegenwärtigen Entdeckungen unserer neurophysiologischen Forschungen sich als naturwissenschaftliche Erklärungen herausstellen oder als »Neuromythen«.

Bindungs- und Beziehungstraumatisierung (Allan M. Schore)

Während sich Panksepp dem Problem der Distress-Systeme aus der Perspektive des Tierforschers annähert, fußt der Ansatz des Psychoanalytikers Allan M. Schore im Wesentlichen auf der Bindungsforschung. Im Gegensatz zum Traumabegriff der ICD und des DSM verwendet Schore den Terminus Trauma, um schwere Irritationen in Beziehungen und im Bindungssystem zu charakterisieren. Er spricht von »attachement trauma« oder »relational trauma«. Schore verwendet diesen Begriff in der Tradition der Psychoanalyse, insbesondere in derjenigen von Masud Kahn und der Londoner Schule, in der das kumulative Trauma konzeptualisiert worden ist. In seinem Übersichtsartikel untersucht Schore (Schore 2001) erste **Forschungsergebnisse** zu folgenden Themen:

- Ausreifung der Regulationssysteme des Gehirns
- Neurobiologie des Beziehungstraumas
- Neuropsychologie des desorganisierten Typ-D-Bindungsmusters

- hemmende Auswirkung früher Traumata auf die Entwicklung der Affektkontrolle
- Verbindung zwischen frühen Beziehungstraumata und der Prädisposition für Posttraumatische Belastungsstörung
- Neurobiologie der Dissoziation

Ausreifung der Regulationssysteme des Gehirns

Dysregulationen beginnen bereits im Uterus. So regulieren mütterliche Hormone die Genexpression im fetalen Gehirn. Störungen bei dieser Regulation sind bis ins Erwachsenenalter nachweisbar. Es hat sich auch gefunden, dass hohe Spiegel von mütterlichem CRF während der Schwangerschaft die fetale Gehirnentwicklung negativ beeinflussen und die postnatale Fähigkeit reduzieren, auf Stressanforderungen angemessen zu reagieren. Eine in der **Schwangerschaft** übermäßig gestresste Mutter wird also wahrscheinlich ein Kind zur Welt bringen, das ihr in der Säuglingszeit besonders viel Stress macht. Bestimmte Noxen beeinflussen die Entwicklung des Stresssystems beim Säugling negativ. So beeinflussen Alkohol, Tabak/Nikotin und Drogen die fetale HPA-Achse negativ, was eine bleibende neurophysiologische Vulnerabilität hinterlassen kann. Außerdem kommt es durch diese Noxen zu einer verzögerten postnatalen Gehirnentwicklung. Bei der Geburt finden sich eine Frühreife, ein niedriges Geburtsgewicht sowie eine schwach ausgeprägte Möglichkeit des Kindes, interaktiv auf die Umwelt Einfluss zu nehmen und diese zu beeinflussen. Wir wissen ja inzwischen, dass der Säugling hoch kompetent darin ist, soziale Interaktionen einzuleiten, was für seine Entwicklung und seine Stressregulation ausgesprochen wichtig ist. Zwei wesentliche Systeme helfen dem Säugling, mit Stress auslösenden Stimuli gut umzugehen (Coping): Das Aufrechterhalten von zwischenmenschlichen Beziehungen und die innerseelische Regulation von Emotionen. Insofern ist für den Säugling der Verlust der Fähigkeit, die Intensität seiner Emotionen selbst zu regulieren, der schlimmste und weitreichendste Effekt einer frühen Traumatisierung.

Die postnatale Organisation des Gehirns und die **postnatale** Konsolidierung von Schleifen, »circuits« zwischen autonomem Nervensystem, limbischem System und Kortex folgen einem sehr spezifischen Muster. Während einer kritischen Periode des regionalen Gehirnwachstums kommen über Genexpression genetisch angelegte Programme zur Wirkung, die zu einer Überproduktion von Synapsen in den zur Reifung anstehenden Hirnarealen führen. Darauf folgt ein Prozess, der umweltabhängig ist. Durch die Umwelterfahrungen werden jene synaptischen Verbindungen erhalten und gefestigt, die für diese Umwelt funktional sind. Es folgt die Organisation und Verfestigung von Funktionskreisläufen und -schleifen. Dies ist sehr energieabhängig. Natürlich kann dieser Reifungsprozess durch viele Elemente beeinträchtigt werden. Eine Instabilität kann aus genetischen Faktoren, etwa Mutationen resultieren. Dann werden aufgrund von genetischen Veränderungen die Programme über die Genexpression nicht suffizient entfaltet. Umwelteinflüsse wie Toxine können auf die Ausreifung der entsprechenden Felder negative Einflüsse habe. Psychotoxisch wirkt sich beispielsweise ein Muster aus, bei dem initialer Hypermetabolismus gefolgt wird von andauerndem Hypometabolismus, wie es für ein Beziehungstrauma nachfolgend beschrieben wird. Dies führt zur Unterbrechung der optimalen Energiezufuhr und zu einer nicht optimalen Ausreifung der entsprechenden kortikolimbischen Systeme.

Die Neurobiologie des Beziehungstraumas

Schore verweist auf zwei Typen von Beziehungstraumatisierungen:
- Abuse, wahrscheinlich am besten als Misshandlung/Missbrauch zu übersetzen. Abuse führt zur Überstimulation und zum Hyperarousal.
- Neglect, also Vernachlässigung, die zu einer Unterstimulation führt, was wiederum zunächst zur Überstimulation und dann zur Down-Regulation führen kann. Darauf wird später eingegangen.

Abuse führt zu Hyperarousal/Übererregung, Aktivierung des sympathischen autonomen Nervensystems (ANS) und ergotropen Reaktionen. Neglect/Vernachlässigung führt zu Hypoarousal des autonomen Nervensystems, Parasympathikotonus und trophotropen Reaktionen. Die psychobiologische Antwort des Kindes auf ein Beziehungstrauma ist entweder Übererregung/Hyperarousal oder Dissoziation: Durch einen Schreck oder einen anderen stressreichen Stimulus kommt es zu einer Alarmreaktion. Dabei wird zunächst der Sympathikusanteil des autonomen Nervensystems aktiviert. Die Herzrate steigt, der Blutdruck steigt, die Atmung steigt an, der Muskeltonus steigt und das Gehirn ist im Zustand der Hypervigilanz. Diese Alarmreaktion führt zu Weinen, wenn sie nicht beruhigt wird, zu Schreien. Wir erinnern uns an die Distress Vocalisations. Das sympathikotone Hyperarousal ist verbunden mit exzessiven Spiegeln von CRF. Außerdem werden hohe Dosen von Noradrenalin aus dem Locus coeruleus ausgeschüttet. Hier bezieht sich Schore im Wesentlichen auf die Arbeit von Perry et al. (Perry et al. 1995). Noradrenalin- und Adrenalinspiegel schießen in die Höhe und das Gehirn ist in einem hypermetabolischen Zustand. Das bedeutet, es verbraucht sehr viel Energie. Neben CRF wird auch Glutamat exzessiv im limbischen System ausgeschüttet. Damit ist nicht nur das Furcht-, sondern auch das Paniksystem hochgradig aktiviert. Hypermetabolismus ist eine Risikosituation. Ein plötzlicher Energieeinbruch könnte für das gesamte Gehirn katastrophale Folgen haben. Offenkundig gibt es in der dorsalen Medulla oblongata einen Sensor auf Hypermetabolismus. So funktioniert dann die dorsale Medulla als Energiebewahrungssystem, das das Gehirn gegen die katastrophalen Konsequenzen eines plötzlichen Energieeinbruchs oder Energieverlustes schützt.

Dissoziation ist eine Notfallreaktion aus dieser Übererregung heraus, falls keine Beruhigung von außen stattfinden kann. **Dissoziation** ist Rückzug von der Außenwelt, von den Außenweltreizen, ist Reizvermeidung. Das Wesentliche aber ist, im Gegensatz zum Zustand der stillen Panikattacke, bei der innerlich alles wütet, dass die Dissoziation auch mit einer Affekteinschränkung und einer Reduktion der Reize nach innen verbunden ist. Dieser Zustand von Bindungsrückzug und schließlich -abbruch sowohl nach außen als auch nach innen ist eine parasympathikotone Regulationsstrategie, die in hilflosen und hoffnungslosen Stresssituationen einsetzt, um sich quasi abzuschalten. Es ist aber auch ein Zustand des Rückzuges, um seine Wunden zu lecken und wieder Kraft zu schöpfen. Denn in diesem Zustand herrscht ein hypometabolischer Regulationsprozess vor, der zu einer Down-Regulation der Energiereserven führt. Dissoziation ist Ent-Bindung, »De-attachement«. Es ist der innerseelische Bindungsabbruch zur notfallmäßigen Konservierung von Energieressourcen. In diesem passiven Gehirnzustand (»State«) sind Schmerzen unterdrückt und endogene Opiate erhöht. Diese Opiate, besonders das Enkephalin, führen zu Analgesie und Immobilität und verhindern damit auch die Hilferufe, die Distress Vocalisations. Der Vagotonus steigt an, Herzschlag und Puls werden gesenkt, trotz steigenden Adrenalins. Der Zustand ist parasympathikoton, trophotrop und bedeutet ein Hypoarousal.

Der traumatische State ist möglicherweise dadurch gekennzeichnet, dass in ihm und vielleicht auch lange danach anhaltend sowohl das sympathische, energieverbrauchende, hypermetabolische System als auch das parasympathische, energiebewahrende, hypometabolische System des Kindes aktiviert sind. Beide Anteile des autonomen Nervensystems sind hyperaktiv, was der Entwicklung nicht zuträglich ist. Gegenwärtig wird ja auch diskutiert, ob eine gleichzeitige Hyperaktivität des parasympathikotonen und des sympathikotonen Systems des autonomen Nervensystems über längere Zeit am plötzlichen Herztod beteiligt sein könnte (Stiedl et al. 2001). Bei Beziehungstraumatisierungen des Kleinkindes sind die sich entwickelnden limbischen Verschaltungen lange Zeit hohen Levels des exzitatorischen, im Extrem exzitotoxischen Neurotransmitters Glutamat plus des Glukokortikoids Kortisol ausgesetzt. In sehr hoher Konzentration können mehrere Neurotransmitter und Hormone neurotoxisch wirken, indem sie Synapsen wieder auflösen oder die Ernährung von Axonen durch ihre Gliazellen verschlechtern. Dies gilt sowohl für den Neurotransmitter Glutamat als auch für das Hormon Kortisol. Die **neurotoxischen** Effekte der Glukokortikoide werden synergistisch amplifiziert durch simultane Aktivierung des NMDA-sensitiven Glutamatrezeptors. Dies führt in der frühen Entwicklung zu Synapseneliminierung, also zu einer eingeschränkten Vernetzungsdichte und damit zu Entwicklungsstörungen.

Die Neurochemie des Gehirnwachstums wird stark reguliert durch die Neurotransmitter Dopamin, Noradrenalin und Serotonin. Starke Produktion in kritischen Perioden führt zu einer Erhöhung der Rezeptordichte. Dadurch werden die Erfahrungen während dieser Phase des Hirnwachstums konserviert. Schädigende soziale Erfahrungen während kritischer frühkindlicher Entwicklungsperioden führen zu permanenten Veränderungen bei den Endorphinen, bei den Kortikosteroiden, bei CRF, Dopamin, Noradrenalin und Serotonin mit Veränderungen der entsprechenden Rezeptoren. Dies hinterlässt in limbischen Bereichen eine bleibende physiologische Reagibilität unter Stress. Traumatische Beziehungserfahrungen in der Säuglingszeit mit den Reaktionen Hyperarousal und Dissoziation legen also die Basis für die Anfälligkeit für Posttraumatische Belastungsstörungen in der späteren Kindheit, in der Jugend und im Erwachsenenalter. »Es gibt Hinweise, dass das Erwachsenengehirn regredieren kann auf einen Säuglings-State, wenn es mit sehr ernstem Stress konfrontiert wird« (Nijenhuis et al. 1998, S. 253 [Übs. U. Sachsse]).

Zur Neurobiologie des desorganisierten Typ-D-Bindungsmusters

Der Typ-D-Bindungsstil findet sich bei über 80% der misshandelten und missbrauchten Kinder. Er ist gekennzeichnet durch ein chaotisches, widersprüchliches, willkürliches, schwankendes und unberechenbares Bindungsverhalten – bei Kind und Eltern. Krabbelkinder mit Typ-D-Bindungsstil weisen in der Fremden Situation (FS) die höchste Herzratenaktivierung, die intensivste Alarmreaktion und einen höheren Kortisolspiegel auf als Kinder aller anderen Bindungsstile.

An dieser Stelle lässt sich ein Muster **transgenerationaler** Weitergabe von Bindungserfahrungen studieren. Wenn eine Mutter selbst traumatisiert worden ist und zu dissoziativen Zuständen neigt, so lässt sich in Videoaufnahmen folgendes Muster nachweisen: Das Kind wird aufgeregt und fängt an zu schreien. Dieser Schrei ist selbstverständlich ein Stress. Der Stress wirkt auf die Mutter als Stimulus ein, die darauf mit einer Dissoziation reagiert. Das Kind wird zur Quelle von Furcht, die Mutter verfällt in einen dissoziierten, tranceähnlichen Zustand. Eltern von Typ-D-Säuglingen reagieren auf das Verhalten des Säuglings mit Furcht. Während solcher Interaktionsepisoden übernimmt, kopiert der Säugling quasi die Struktur des dysregulierten States der Mutter. Schore spricht geradezu von einem «down-loading«, einem Herunterladen der dysfunktionalen Stressregulationssysteme der Mutter, so dass hier eine Weitergabe dieses dysfunktionalen Stressbewältigungssystems von der Mutter auf den Säugling zu beobachten ist. Dass dysfunktionale Stressregulationssysteme in der frühen Säuglingszeit von der Mutter auf die Kinder weitergegeben werden, haben ja schon Arbeiten etwa von Yehuda bei Holocaust-Überlebenden nahe gelegt (Yehuda et al. 2000). Eine Neigung der Mutter zu dissoziativen Reaktionen blockiert ihre Bindung an den Säugling und stört die Entwicklung seines Bindungssystems. Für solche vulnerablen Mütter sind Episoden von persistierendem Weinen potente Trigger für dissoziative Reaktionen. In dem Moment, in dem die Mutter in einen dissoziativen State eintritt, manifestiert sich in ihrem Verhalten Neglect. Es werden also nicht nur die traumatischen Erfahrungen, sondern auch die Dysregulation der Mutter und die posttraumatische Antwort des Säuglings auf das Beziehungstrauma sowie seine parasympathische Regulationsstrategie der Dissoziation in die Säuglingspersönlichkeit eingebaut. Dies legt die Basis dafür, dass in späteren Stresssituationen schneller auf dissoziative States zurückgegriffen wird, und dass diese länger andauern. Frühe traumatisierende Erfahrungen mit der Umwelt induzieren atypische Muster neuronaler Aktivität. Dies stört die Organisation der kortikolimbischen Areale und beeinträchtigt besonders solche Gehirnleistungen wie Bindung, Empathie und Affektregulation. Traumatisierender Distress verändert die Entwicklung des präfrontalen Kortex und verhindert, dass diese Region im Erwachsenenalter ihre vollen Fähigkeiten entfaltet.

Schädigungen in kritischen Entwicklungsperioden

Beziehungstraumata im ersten bis dritten Quartal postnatal beeinflussen die erfahrungsabhängige

Ausreifung der Amygdala und der Schleife zwischen anteriorem Zingulum und limbischem System. Schore nimmt an, dass die Amygdala, das vordere Zingulum und die Insula eine Rolle bei »Pre-Attachement«-Erfahrungen spielen, die früh im ersten Lebensjahr stattfinden. Neurobiologische Studien weisen nach, dass eine Zerstörung der Amygdala in früher Säuglingszeit von grundlegenden Veränderungen in der Ausbildung von sozialen Bindungen und Emotionalität begleitet wird. Diese sozioemotionalen Effekte sind lang andauernd und scheinen mit der Zeit eher noch anzusteigen als sich wieder auszugleichen. Beziehungstraumata in der Mitte des ersten Jahres wirken als Wachstumsbremse für das vordere limbische Netzwerk des Zingulum. Frühe Beziehungstraumata beeinträchtigen die erfahrungsabhängige Ausreifung der Insula. Das behindert die Entwicklung eines stabilen Körperbildes (Body Image) und ein stabiles Körperbild ist Grundlage basaler Emotionalität. Bis in das zweite Lebensjahr hinein sind die höheren kortikolimbischen Schleifen in einer kritischen Wachstumsperiode. Abuse und Neglect während der ersten zwei Jahre beeinflussen negativ die Ausreifung des Hauptregulationssystems im menschlichen Gehirn: des orbitopräfronto-limbischen Systems. Körperliche Traumatisierungen des Kopfes und des Gehirns eines Babys wie etwa das gewaltsame Schütteln des Kopfes oder Schläge gegen den Kopf führen zu traumatischen Hirnverletzungen. Schore verweist darauf, es sei bekannt, dass neurologisch erkrankte und beeinträchtigte Kinder einen Typ-D-Bindungsstil aufweisen.

Störungen des orbitopräfrontal-limbischen Regulationssystems zur Affektkontrolle

In seiner kritischen Entwicklungsperiode werden die orbitofrontalen Areale synaptisch mit anderen Arealen des Kortex verschaltet, aber sie bilden auch forciert Verbindungen mit subkortikalen Arealen aus. Der orbitofrontale Kortex ist also eine Art »Konvergenzzone«, in der Kortex und Subkortex sich treffen. Eine Beeinträchtigung der Hierarchisierung kortikal-subkortikaler Kreisläufe und Schleifen beeinträchtigt also direkt die Fähigkeit, mit limbisch bedingtem Arousal umgehen zu können. Eine Furchtexposition führt zu einem rasch erhöhten Dopaminmetabolismus im ventralen Tegmentum, die wiederum den Locus coeruleus aktiviert und zu einer steigenden Noradrenalinaktivität führt. Gleichzeitig kommt es zur Hyperaktivität an den Glutamatrezeptoren. Somit sind eine noradrenerge, hypermetabolische Antwort und eine über Kortisol vermittelte, hypometabolische Antwort gleichzeitig angestoßen. Fest steht, dass unter solchen Bedingungen die Dendritendichte abnimmt, dass die Axone quasi ihre Dendriten zurückziehen. Ist das gemeint, wenn wir umgangssprachlich davon sprechen, bei jemandem sei eine »Sicherung durchgebrannt«? Klar ist, dass Menschen mit einer Atrophie in der dendritischen Verästelung eine schlechte Verhaltensflexibilität aufweisen. Wer dendritisch gut verkabelt ist, zeigt in vielen Verhaltensbereichen bessere Fähigkeiten. Aber nicht nur die dendritische Verzweigung leidet unter einer Traumatisierung in den kritischen Perioden, sondern die Astrozytenproliferation ebenso. Diese Astrozytengliazellen umgeben die aktiven Regionen eines Neurons und regulieren die metabolische Aktivität und die Verzweigungsplastizität aller Synapsen im Gehirn.

Ausgeprägte Schädigung der lateralen orbitofrontalen Areale beeinträchtigen den exzitatorischen ventraltegmentalen Vorderhirn-Mittelhirn-Circuit (Circuit: Rücklauf- und Rückkopplungsschleife mit mehreren Hirnkernen und verbindenden Axonen). Das würde ernsthaft die Fähigkeit herabsetzen, positive Zustände zu erleben. Es bildet die Basis einer Anfälligkeit für Hypoarousal, also Anhedonie und Depression. Auf der anderen Seite würde eine ernsthafte Schädigung der medialen orbitofrontalen Areale den hemmenden Kreislauf des medialtegmentalen Vorderhirn-Mittelhirn-Circuits beeinträchtigen. Das würde in einer eingeschränkten Fähigkeit resultieren, Hyperarousal-States wie Terror und Wut bremsen zu können. Bei sehr ernsthaften Beziehungsstörungen zeigen sich die Regulationsschwächen eines Menschen in seiner begrenzten Fähigkeit zur Modulation sowohl durch innere Autoregulation als auch durch interaktive Regulation in Beziehungen. Dies gilt sowohl für die Intensität und Dauer von biologisch primitiven sympathikusdominierten **Affekten** wie Terror,

Wut und Erregung als auch parasympathikusdominierten Affekten wie Scham, Enttäuschung und hoffnungsloser Verzweiflung. Bei diesen Persönlichkeiten wirken dann auch intensive positive Affekte wie Freude als ein Stressor. Der Verlust der Fähigkeit, die Intensität der eigenen Gefühle regulieren zu können, ist der weitreichendste Effekt von früher Traumatisierung durch Abuse und Neglect. Dieses Defizit fußt auf einem ineffizienten orbitofrontalen Regulationssystem.

Besonders wichtig sind die Verbindungen zwischen den orbitofrontalen Arealen und einerseits dem Hypothalamus (dem Kopfganglion des autonomen Nervensystems und Kontrollsystem des viszeralsomatischen Anteils der emotionalen Reaktion) und andererseits der Amygdala (dem Furchtzentrum im Gehirn). Die rechte Amygdala verarbeitet Trigger wie Furcht einflößende Gesichtseindrücke und andere Furcht einflößende Trigger unbewusst. Bewusst wird nur, was im Kortex abläuft. Dabei sieht es so aus, als ob Amygdala und orbitofrontaler Kortex in einigen Bereichen ganz ähnliche Inputs empfangen und ähnliche Funktionen haben. Aber die Mandelkerne lernen weniger schnell als der Kortex und funktionieren weniger flexibel, sondern eher primitiv-biologisch. Optimalerweise übt der rechte frontotemporale Kortex inhibitorische Kontrolle über ein zu intensives limbisch-emotionales Arousal aus und übernimmt der präfrontale Kortex nach und nach die Amygdalafunktionen. Die Verbindungen zwischen den orbitofrontalen Arealen und der Amygdala bilden sich postnatal aus und werden negativ durch Beziehungstraumatisierungen beeinflusst. Werden diese Verbindungen in Tierversuchen unterbrochen, dann laufen amygdalagetriebene States (Furcht-Kampf-Flucht-States) später ohne eine kortikale Hemmung ab. Die Gedächtnisprozesse der Amygdala werden durch extremen Stress verstärkt. Wenn das erst mal eingeschliffen ist, reagiert ein Lebewesen auch auf niedrige zwischenmenschliche Stressoren mit einer massiven, primitiven Furchtreaktion, weil die Amygdala von den orbitofrontalen Bereichen nicht genügend reguliert werden kann.

Optimalerweise haben sowohl die Amygdala also auch der orbitopräfrontale Kortex direkte Verbindungen mit dem lateralen Hypothalamus. Diese Region aktiviert parasympathische Antworten über Verbindungen mit dem Vagusnerv in der Medulla. Die vorderen Regionen des lateralen Hypothalamus sind beteiligt an der »tonischen Immobilität«, dem Todstellreflex. Auch der laterale Hypothalamus entwickelt sich postnatal. Beziehungstraumata in der kritischen Periode könnten sich auswirken in schwächeren hypothalamo-orbitofrontalen Verbindungen und stärkeren Verbindungen des Hypothalamus zur Amygdala, was dann eher zu einem amygdaladominierten Verhaltensmuster führen könnte. Die orbitofrontalen Areale sind dann unfähig, insbesondere in der rechten Hemisphäre die Furchtantworten der Amygdala zu modulieren. Eine ineffiziente reparative Funktion der orbitofrontalen Region drückt sich in einer schlechten Kapazität zur Regulation von States aus, die notwendig ist, um sich in Zeiten von Stress selbst zu beruhigen. In solch unstabilen Systemen führt kleiner zwischenmenschlicher Stress dazu, dass leichte Irritationen vergrößert werden zu intensiven Distress-Zuständen. Wenn die Orbitofrontalmodulation von limbischem Arousal fehlschlägt, führt das einerseits in den ventraltegmentalen Frontalhirn-Mittelhirn-Circuits, andererseits den lateraltegmentalen Frontalhirn-Mittelhirn-Circuits zu einem Kreisen. Das bedeutet klinisch ein Kreisen zwischen intrusiven, sympathikotongetriebenen, erschreckenden Flashbacks und traumatischen Bildern einerseits und parasympathikotongetriebenen Zuständen von Dissoziation, Vermeidung und Abschalten andererseits.

Zur Neurobiologie der Dissoziation

Wenn die Regulationserfahrungen im zwischenmenschlichen Kontext zu schlecht sind, dann schaltet das Kind aus Selbstschutz von der interaktiven Regulation von Emotionen auf eine lang dauernde, weniger komplexe Autoregulation um. Diese subkortikal-limbisch organisierten Muster sind primitive Strategien zum Überleben. Beziehungstraumatisierung setzt den Zustand für primitive Autoregulation in Gang: den habituellen Gebrauch von Dissoziation. Kinder mit Typ-D-Bindungsmuster benutzen dissoziative States im späteren Leben zur Stressbewältigung. Dissoziation wird dann zu einer Abwehrformation, die im Charakter enthalten ist.

Im parasympathisch dominierten State der Dissoziation ist das Individuum abgeschnitten, disassoziiert sowohl von der äußeren als auch von der inneren Welt. Das weist deutlich auf eine Dysfunktion des orbitofrontalen Kortex in solchen Zuständen hin.

Das orbitofrontale System ist über seine Verschaltungen ins autonome Nervensystem direkt in den Körper verbunden. Es moduliert das autonome Nervensystem über absteigende Axone, die Synapsen in den dendritischen Feldern des Hypothalamus, dem Kopfganglion des autonomen Nervensystems und in Vagusarealen der Medulla haben. Eine ausgeprägte Schädigung oder Ausdünnung dieser synaptischen Verbindungen würde zu einer ineffektiven Regulation des autonomen Nervensystems durch höhere Zentren im Kortex führen. Dieser Verlust würde bedeuten, dass es unter Stress keine Ausbalancierung zwischen den sympathisch-exzitatorischen und parasympathisch-inhibitorischen Komponenten des autonomen Nervensystems gäbe. Unter Stress würde ein in seiner Entwicklung nicht gut ausgereiftes orbitofrontales Regulationssystem rasch das Feld räumen für nicht umweltbezogene, nicht reziproke Modi des autonomen Kontrollsystems. Das Resultat wäre ein ausgesprochen hoher State von sympathisch-ergotropem plus parasympathisch-trophotropem Arousal, dasselbe Pattern wie bei kindlichem Trauma (Perry et al. 1995). Bildlich gesprochen würde man auf Gas und Bremse gleichzeitig drücken. Und eine gleichzeitige Aktivierung der Hyperexzitation und der Hyperinhibition führt zu einer Freeze-Antwort. Dies ist identisch mit der Verhaltensweise der Aufgabe- oder Kapitulationsreaktion von missbrauchten Typ-D-Kindern mit ihrer eingefrorenen Wachsamkeit: Sie warten aufmerksam auf die Anforderungen der Eltern, reagieren schnell darauf und gehorchen, um dann in ihren vorherigen wachsamen Zustand zurückzukehren. Dies entspricht dem eingefrorenen State von sprachlosem Terror, der bei erwachsenen Patienten mit Posttraumatischer Belastungsstörung vorgefunden werden kann. Wenn sich so etwas bei Kindern erst einmal eingeschliffen hat, führt es lebenslang zu einem furchtsamen Temperament.

Ein Verlust der **flexiblen Balancierbarkeit** der beiden autonomen Nervensystems-Systeme Sympathikus und Parasympathikus führt auch zu Schwierigkeiten bei der Regulation affektiver Veränderungen. Die zwei frontolimbischen Schleifen balancieren sich eigentlich gegenseitig aus. Beide Systeme können aber voneinander abgekoppelt werden. Bei einer Entkopplung führen schon niedrige Levels von interaktivem, zwischenmenschlichem Stress zu emotionaler Labilität und zu raschen State-Wechseln. Wir führen uns noch einmal vor Augen: Beim Trauma wird ein sympathisches Hyperarousal plötzlich abgelöst von parasympathischer Dissoziation. Eine habituelle Tendenz, sich in primitive parasympathische States fallen zu lassen, ist charakteristisch für ein entwicklungsmäßig unreifes Regulationssystem, das schlechte Verbindungen zwischen dem Kortex, den höchsten Ebenen des limbischen Systems und dem autonomen Nervensystem aufweist. Parasympathische Dissoziation geschieht mit einem plötzlichen Übergang aus einer erfolglosen Kampfstrategie, die massive sympathische Aktivierung erfordert, in einen metabolisch konservativen Zustand der Immobilisation. Der dorsale motorische Nukleus des Vagus führt eine Abschaltung metabolischer Aktivität herbei: Immobilisation, Todstellreflex und Sich-Verkriechen. Die Vagusbremse wird bereitgehalten durch den rigiden, vegetativ fixierten dorsalen motorischen Vaguskern und nicht durch den flexibleren, in soziale Kommunikation einbezogenen Nucleus ambiguus. Es gibt nämlich noch ein zweites parasympathisch-vagales System, ein sich spät entwickelndes »mütterliches« System im Nucleus ambiguus, das an Gesichtsausdruck, Vokalisation und Gesten, also sozialer Interaktion beteiligt ist. Die Freeze-Antwort ist auch verbunden mit einer massiven Erhöhung der endogenen Opioide, was zur stressinduzierten Lähmung beiträgt. In einem solchen Zustand verbergen sich Menschen in der Dunkelheit, erstarren dort und scheinen physisch verschwinden zu wollen. Sie nehmen eine fetale Position ein und reagieren nicht mehr auf externe Stimuli. Die »Vagusbremse« muss gelöst werden, wenn jemand aus einem solchen Zustand wieder herauskommen soll.

Frühe kumulative Beziehungstraumata führen zu einer bleibenden Dysfunktion der rechten Hemisphäre. Das orbitofrontale System wirkt als

Kontrollorgan für die ganze rechte Gehirnhemisphäre. Der rechte präfrontale Kortex ist entscheidend für die Bewältigung und Regulation von Selbst-Funktionen. Die rechte Hemisphäre, mehr als die linke, ist stark ins limbische System und die sympathischen und parasympathischen Komponenten des autonomen Nervensystems hinein vernetzt. Diese so genannte »nichtdominante« Hemisphäre – diese Formulierung erweist sich immer mehr als peinlicher Scherz aus einer ratioreligiösen Epoche – ist spezialisiert auf die Aktivierung von neuroendokrinen und autonomen Funktionen für die menschliche Stressantwort. Die Schleifen der rechten Hirnhälfte werden in den ersten zwei Lebensjahren organisiert. Die rechte Hemisphäre beendet ihre Wachstumsphase im zweiten Jahr, wenn die linke Hemisphäre die ihre beginnt.

Erste therapeutische Konsequenzen

In der Psychotherapie traumatisierter Menschen hat es sich uneingeschränkt bewährt, beide Distress-Systeme als interagierende, aber eigenständige Entitäten ständig im Blick zu haben. Holzschnitthaft geht es einerseits um das Cluster Panik – periaquäduktales Grau – laterales Septum – Gyrus cinguli – Glutamat – Opioide – Bindung – Parasympathikus – trophotroper Zustand – Hypometabolismus - Freeze – Dissoziation, andererseits um das Cluster Furcht – Locus coeruleus – Amygdala – präfrontaler Kortex – Noradrenalin – Kortisol – Feind – Sympathikus – ergotroper Zustand – Hypermetabolismus – Kampf und Flucht – Kognition und Lernen. In der traumazentrierten Psychotherapie gilt: Mit den Störungen im Furchtsystem lässt sich therapeutisch nur arbeiten, wenn im Paniksystem Ruhe herrscht. Das therapeutische Bindungssystem ebenso wie das innerseelische Emotionsregulationssystem müssen stabil sicher sein, um Traumaexpositionen durchführen zu können. Einer Irritation des Arbeitsbündnisses muss vorrangig entgegengewirkt werden, bevor inhaltlich weitergearbeitet werden kann. Dies geschieht dadurch, dass innerseelisch imaginativ über die Arbeit mit dem »inneren Kind« jene Bindungserfahrungen etabliert und ritualisiert werden, die realiter gefehlt haben, damit über diesen Umweg eine Selbstregulation möglich wird. Gilt dies nur für traumatisierte Patienten?

Literatur

Bremner J, Randall P, Scott T, Bronen R, Seibyl J (1995). MRI-based measurement of hippocampal volume in patients with combat-related posttraumatic stress disorder. Am J Psychiatry 152: 973-80.

Hüther G (1997). Biologie der Angst: wie aus Stress Gefühle werden. Göttingen: Vandenhoeck & Ruprecht.

Kapfhammer HP (2001). Trauma und Dissoziation – eine neurobiologische Perspektive. Persönlichkeitsstörungen 5: S4-S27.

Markowitsch HJ (2001). Streßbezogene Gedächtnisstörungen und ihre möglichen Hirnkorrelate. In: Körper, Seele, Trauma: Biologie, Klinik und Praxis. Streeck-Fischer A, Sachsse U, Özkan I (Hrsg). Göttingen: Vandenhoeck & Ruprecht; 72-93.

Nijenhuis ERS, Vandenlinden J, Spinhoven P (1998). Animal defensive reactions as a model for trauma-induced dissociative reactions. J Traum Stress 11: 242-60.

Panksepp J (1999). Affective Neuroscience. Oxford, New York: Oxford University Press.

Perry BD. Pollard RA, Blakely TL, Baker WL, Vigilante D (1995). Childhood trauma, the neurobiology of adaptation, and »use-dependent« development of the brain. How »states« become »traits«. Infant Ment Health J 16: 271-91.

Radulovic J, Kammermeier J, Fischer A, Spiess J (2001). Lernen, Angst und Streß: Molekulare Verknüpfungen. In: Körper, Seele, Trauma: Biologie, Klinik und Praxis. Streeck-Fischer A, Sachsse U, Özkan I (Hrsg). Göttingen: Vandenhoeck & Ruprecht; 132-42.

Roth G (2001). Fühlen, Denken, Handeln. Wie das Gehirn unser Verhalten steuert. Fankfurt: Suhrkamp.

Sachsse U, von der Heyde S, Huether G (2002). Stress regulation and self-mutilation. Am J Psychiatry 159: 672.

Sapolsky RM (2000). Glucocorticoids and hippocampal atrophy in neuropsychiatric disorders. Arch Gen Psychiatry 57: 925-35.

Schore AN (2001). The effects of early relational trauma on right brain development, Affect Regulation, and Infant Mental Health. Infant Ment Health J 22: 201-69.

Stiedl O, Meyer M., Spiess J (2001). Zentrale Mechanismen der kardiovaskulären Antwort auf Streß. In: Körper, Seele, Trauma: Biologie, Klinik und Praxis. Streeck-Fischer A, Sachsse U, Özkan I (Hrsg). Göttingen: Vandenhoeck & Ruprecht; 115-31.

Yehuda R (2000). Biology of posttraumatic stress disorder. J Clin Psychiatry 61: 14-21.

Yehuda R (2001). Die Neuroendokrinologie bei Posttraumatischer Belastungsstörung im Licht neuer neuronanatomischer Befunde. In Körper – Seele – Trauma. Streeck-Fischer A, Sachsse U, Özkan I (Hrsg). Göttingen: Vandenhoeck & Ruprecht.

Yehuda R, Bierer LM, Schmeidler J, Aferiat DH, Breslau I. (2000). Low cortisol and risk for PTSD in adult offsprings of holocaust survivors. Am J Psychiatry 157: 1252-19.

Persönlichkeitsstörungen

Aus dem Amerikanischen von Sabine Mehl
und Katrin Grommek
März 2003. 306 Seiten
gebunden mit Schutzumschlag
€ 35,– (D)/sFr 59,–
ISBN 3-608-91046-8

Aus dem Amerikanischen von Sabine Mehl
und Katrin Grommek
2001. 323 Seiten,
gebunden mit Schutzumschlag
€ 35,–/sFr 59,–
ISBN 3-608-94323-40

Persönlichkeitsstörungen, vor allem ihre Diagnostik und Behandlungsmöglichkeiten, stehen heutzutage im Zentrum des psychotherapeutischen Interesses. Inzwischen sind die therapeutischen Möglichkeiten so weit fortgeschritten, daß Patienten, die noch vor fünfzig Jahren als unbehandelbar galten, dank einer Therapie ein normales Leben führen können. Mastersons Darstellung ist praxisnah, zeigt konsequent den Weg von der Diagnostik zur Therapie und verweist auf die Anwendungsmöglichkeiten des DSM-IV, des in den USA entwickelten Diagnose- und Therapie-Manuals, an dem sich der Leser orientieren kann. Für den Praktiker sind die ausführlichen klinischen Fallbeispiele hilfreich; sie erlauben ein Nachvollziehen und die Übertragung auf das eigene therapeutische Vorgehen.

»Es stellt eine ganz außergewöhnliche Leistung der Autoren dar, so überzeugend die Belege für das Vorhandensein von Persönlichkeitsstörungen auch bei Kindern und Jugendlichen aufzuzeigen. Kernberg, Weiner und Bardenstein differenzieren die unterschiedlichen Symptome, stellen neueste Forschungsergebnisse vor und geben somit dem Therapeuten ein Werkzeug an die Hand, das ihm ermöglicht, die häufig noch im Erwachsenenalter fortbestehenden Symptome zu verstehen.«

C. J. Kestenbaum
(Präsidentin der American Academy
of Child and Adolescent Psychiatry)

Inge Krens und Hans Krens

Die pränatale Beziehung —
Überlegungen zur Ätiologie der Persönlichkeitsstörungen

Schlüsselwörter
Pränatale Erfahrung, Bindung, Schwangerschaft, Gehirnentwicklung, Strukturentwicklung

Keywords
Prenatal experience, attachment, pregnancy, brain development, structural development

Zusammenfassung
Auf der Basis der probabilistischen Epigenese-Theorie von Gottlieb wird die Hypothese untersucht, ob pränatale Erfahrungen Schutz- beziehungsweise Risikofaktoren für spätere Psychopathologie darstellen können. Forschungsergebnisse aus Genetik, Neurobiologie, Untersuchungen zu frühen Prägungen und zu Stress in der Schwangerschaft etc. machen deutlich, dass pränatale Erfahrungen auf die körperliche und psychische Entwicklung des Embryos und Fötus Einfluss haben können. Langjährige klinische Erfahrungen aus der Tiefenpsychologischen Körpertherapie tragen zu einer Theorie pränataler Traumatisierung bei. Pränatale Bindungsdefizite gehen auf eine fehlende oder unangemessene Resonanz der (Gebär-)Mutter auf die Bindungsbedürfnisse des pränatalen Kindes zurück. Sie betreffen das Bedürfnis nach Halt, Sicherheit und Kontinuität. Körper und Psyche sind dabei untrennbar miteinander verbunden. Klienten mit schweren pränatalen Bindungsdefiziten leiden unter Gefühlen von Vernichtungs- oder Todesangst — und/oder deren Abwehr und Kompensation — angesichts der Aktualisierung von Abhängigkeitsgefühlen und Verschmelzungswünschen. Eine gestörte Beziehung zum Vater kann in diesem Zusammenhang retraumatisierend wirken.

Summary
Based on Gottlieb's theory of probabilistic epigenesis, the hypothesis is investigated that prenatal experiences can constitute both protective and risk factors for later psychopathology. Scientific findings from genetic science, neurobiology, early conditioning and stress research clearly suggest that prenatal experiences may have an impact on the psychological and physiological development of the embryo and foetus. Long-term clinical experience from psychodynamic body therapy contributes to the ground for a theory of prenatal traumatization. Prenatal attachment deficits stem from a lacking or inadequate resonance by the mother to the attachment needs of the prenatal child. They concern the need for containment, security and continuity. Clients with grave prenatal attachment deficits suffer from feelings of annihilation and death anxiety and/or the defence or compensation thereof when faced with the re-emergence of feelings of dependency and of the need for fusion. A disturbed father-child relationship may in this context act as a retraumatizing factor.

The prenatal relationship — considerations on the aetiology of personality disorders

Persönlichkeitsstörungen 2003; 1: 17–31

D er Begriff der Persönlichkeitsstörung als deskriptive diagnostische Kategorie eignet sich kaum als Bezugspunkt für ätiologische Überlegungen: Zum einen wird die Validität der Zusammenfassung sehr verschiedener Störungsbilder zum Konzept der Persönlichkeitsstörungen von vielen Autoren in Frage gestellt. Außerdem beruht ihre Einteilung auf deskriptiv-symptomatischen Überlegungen. Die Erfassung relevanter Entwicklungsbedingungen erfordert jedoch eine »vertikale« Sichtweise. Wir müssen uns also damit auseinandersetzen, was die verschiedenen Persönlichkeitsstörungen »in der Tiefe« miteinander verbindet. Ohne hier auf die Hintergründe unserer Überlegungen eingehen zu können, gehen wir von folgenden Prämissen aus: Der Begriff der **Persönlichkeit** beschreibt den Menschen aus der Perspektive relativer Stabilität seiner Strukturen und Prozesse (Rudolf 1999). Dennoch ist die Per-

---
Dipl. Psych. Inge Krens, Dipl. Psych. Hans Krens, International Academy for Body-Psychotherapy, Stationsstraat 48, 6584 AW Molenhoek, Niederlande

sönlichkeit nicht als statisch, sondern als ein dynamisches System anzusehen (Millon 1996). Sie entsteht immer wieder »neu« in Interaktion mit der Umwelt. Ihre Effektivität zeigt sich sowohl in ihrer relativen Flexibilität als auch in ihrer relativen Stabilität. Die Funktion, die die Regulation zwischen Flexibilität und Stabilität beschreibt, bezeichnen wir als »Struktur«. Sie ist »… das Ergebnis der Lebenserfahrung eines Menschen – genauer: der Art und Weise, wie er seine persönliche Geschichte erlebt, in seinem Gehirn organisiert, repräsentiert und mnestisch gespeichert hat« (Deneke 1999, S. 31). Eine effektive strukturelle Integration befähigt zur Verbindung zwischen sich und dem Anderen (Herstellung von Nähe zu dem Anderen), zur Fähigkeit, zwischen sich und Anderen zu unterscheiden (Herstellung von Autonomie und damit Differenzierung von dem Anderen) sowie zu der Fähigkeit, sein intrapsychisches Gleichgewicht wieder herzustellen (Wiederherstellung von Ganzheitlichkeit in sich selbst) (vgl. Rudolf 1999)[1]. Allgemein gesagt, betrifft sie die Regulation von »innen« und »außen«. Sie hat die Funktion, ein Gefühl von Einheit, Kohärenz und Kontinuität zu schaffen. Eine strukturelle Störung entsteht durch »Entwicklungsdefizite, (durch die) bestimmte strukturelle Differenzierungen und Integrationsschritte nicht erfolgt sind« (Arbeitskreis OPD 1996). Die Entwicklung der **psychischen Struktur** ist also untrennbar verbunden mit der psychophysischen Entwicklung des Menschen. Sie beginnt dann, wenn Entwicklung beginnt und sie ist dabei abhängig davon, in wie weit die sich im Entwicklungsprozess entfaltenden primären Bedürfnisse des Kindes von der Umwelt bestätigt werden.

Die Persönlichkeit des Menschen äußert sich in seinem Persönlichkeitsstil. Im günstigsten Fall erlaubt die damit verbundene strukturelle Integration eine die individuellen Fähigkeiten stimulierende und den Umweltbedingungen angepasste Interaktion mit der Umwelt. Im ungünstigen Fall haben wir es mit einer Über-, Unter- beziehungsweise Dysregulation zu tun. Die Anpassung des Persönlichkeitsstils an intrinsische und extrinsische Anforderungen ist dann mangelhaft. Der Übergang zur Pathologie ist dabei fließend. Mit Persönlichkeitsstörungen bezeichnen wir in Anlehnung an das DSM-IV Muster internalisierter Interaktionen, die überdauernd und stabil sind, im sozialen Umfeld zu tief greifenden Konflikten führen und Leid und Beeinträchtigungen für sich und Andere mit sich bringen (nach DSM-IV [Saß et al. 1996]). Wenn wir uns Gedanken über die Ätiologie der Persönlichkeitsstörungen machen wollen, werden wir uns also in erster Linie mit den Entwicklungsbedingungen der Fähigkeit zu struktureller Integration beschäftigen. Dies ist auch klinisch begründbar. Im Vergleich verschiedener Diagnosegruppen lassen gerade die Persönlichkeitsstörungen die stärkste Ausprägung struktureller Beeinträchtigung erkennen (Rudolf 1999). Die folgenden Ausführungen gehen zurück auf die Theorie und Praxis der Tiefenpsychologischen Körpertherapie.[2] Die **Tiefenpsychologische Körpertherapie** basiert auf der Integration von Psychodynamik (insbesondere selbstpsychologischer Ansätze) und Körperpsychotherapie (Krens 1998). Besondere Bedeutung misst sie der Bindungstheorie bei, deren Erkenntnisse sie aufgegriffen, erweitert und deren konsequente Anwendung in der psychotherapeutischen Behandlung sie seit 15 Jahren vorangetrieben hat (Krens 2000; Krens 2001). Weiterhin erforscht sie die Bedeutung der modernen prä- und perinatalen Psychologie für die Ätiologie von Psychopathologie (Krens 2001; Alberti 2002; Anders-Hoepgen 2002). Sowohl die bindungsorientierten Überlegungen, als auch das Wissen um die emotionale Bedeutung der Schwangerschaft werden im Mittelpunkt dieses Artikels stehen.

Entwicklung beginnt in der Gebärmutter

Wie oben schon erwähnt, ist die Entwicklung struktureller Integrationsfähigkeit untrennbar mit der psychophysischen Entwicklung des Kindes verbunden, und zwar von Anfang an. Die Entwicklung des Menschen beginnt bei der Konzeption. Dies schließt die Überzeugung ein, dass Störungen in der emotionalen Beziehung mit der Mutter schon

---

[1] Siehe auch OPD (Arbeitskreis OPD 1996).

[2] Zusammen mit seiner Frau Inge Krens leitet Hans Krens, der Begründer dieser Therapiemethode, ein Fortbildungszentrum in den Niederlanden.

im Mutterleib Auswirkungen auf die Entwicklung der Person haben und damit zu Mängeln bei der strukturellen Integration und folglich zu einer Prädisposition für spätere Pathologie beitragen können. Dass das pränatale Kind ein wahrnehmendes, reagierendes, agierendes und wahrscheinlich auch fühlendes Wesen ist, das in direktester Interaktion mit der Mutter steht, ist im Zeitalter der Ultraschallbilder aus der Gebärmutter nicht mehr zu leugnen. Auch vielfältigste wissenschaftliche Forschungen deuten darauf hin, dass die ersten neun Lebensmonate nicht nur eine äußerst sensible Zeit für die körperliche, sondern auch für die psychische Entwicklung des Menschen sein könnte.[3]

Entwicklung ist nicht deterministisch

Gene scheinen – so meinen auch manche Wissenschaftler – die Entwicklung des Körpers und in hohem Maße auch die der Psyche zu determinieren: Eigentlich ist jedoch noch nicht genau bekannt, was **Gene** für die Leistungen des Gehirns bedeuten, insbesondere im Hinblick auf komplexe kognitive und emotionale Eigenschaften des Individuums (Roth 2001). Auf jeden Fall »machen« Gene keinen Organismus, sondern wirken nur in der Beziehung mit der Umwelt, »… what makes development happen … is the relationship of the two components, not the components themselves. Genes in themselves cannot cause development any more than stimulation in itself can cause development« (Gottlieb 2002, S. 161f.). Gene haben im Prinzip zwei Funktionen: Einerseits wirken sie als eine Schablone, mit der Information von einer Generation zur anderen weitergegeben wird. Andererseits haben sie die Funktion, entsprechend der Information, die ihre DNA speichert, bestimmte Proteine zu synthetisieren. Diese »Transkription« wird sehr direkt durch Erfahrung[4] beeinflusst

(Siegel 1999). Genexpression ist in diesem Sinne kein deterministischer Prozess, sondern ist immer an Umweltbedingungen gebunden. Durch zum Beispiel lang dauernde Stressbedingungen können Gene wirksam werden, deren Auswirkungen unter normalen Lebensumständen vielleicht nicht zum Ausdruck kommen würden.

Wir beziehen uns hier im Übrigen auf die **probabilistische Epigenese-Theorie** von Gilbert Gottlieb (2002). Danach ist die (pränatale) Entwicklung bestimmt durch die »kritische Wechselwirkung von endogenen und exogenen Faktoren auf vier Ebenen (genetische Aktivität, neurale Aktivität, Verhalten und Umgebung). Bei dieser Sichtweise hat das Funktionieren (nämlich »Erfahrung« oder »funktionale Aktivität« oder »Verhalten«) Einfluss auf die zugrunde liegende Struktur. Die Beziehung zwischen (Hirn-)Struktur und Funktion muss also bidirektional aufgefasst werden« (van den Bergh 2002, S. 98) (s. Abb. 1). Zusammenfassend kann man sagen, dass da, wo Entwicklung stattfindet, per definitionem Umgebungsfaktoren eine Rolle spielen: ohne Erfahrung keine Entwicklung. Auf unser Thema bezogen heißt das, dass Umgebungsfaktoren »von Anfang an« auf die Entwicklung des pränatalen Kindes einwirken: und zwar schon vor der Konzeption, zum Beispiel durch die jeweils einzigartige Qualität von Ei und Sperma, durch die Qualität der physischen und emotionalen Ökologie des weiblichen Körpers (s.u.) etc. Diese Sichtweise betrifft also sowohl Anatomie und Physiologie als auch Verhalten und Erleben (Gottlieb 2002). Gerade an der vorgeburtlichen Entwicklung wird in aller Deutlichkeit klar, dass Körper und Psyche untrennbar miteinander verbunden sind.

Lernen in der Gebärmutter

Die Tatsache, dass jeder Organismus mit seiner Umgebung in Austausch steht und beide sich gegenseitig beeinflussen, könnte auch als »Lernfähigkeit« beschrieben werden. Dieses tief im Vegetativen verankerte Lernen ist allen Lebewesen eigen. Pränatales Lernen im engeren Sinne, bezogen auf komplexere Verhaltens- und Erlebensweisen, sensomotorische Muster etc. kann schon ab der 23. Schwangerschaftswoche nachgewiesen werden (Habituation)

---

[3] Im Mai 2002 hat in den Niederlanden ein großer Übersichtskongress zur emotionalen Bedeutung von Schwangerschaft und Geburt stattgefunden. Sämtliche Abstracts finden Sie unter www.congress2002.com.

[4] Nach Gottlieb (2002) schließt der Begriff »Erfahrung« übrigens spontane Aktivität, die innerhalb des Nervensystems generiert wird, genauso ein wie evozierte Aktivität, die durch sensorische Stimulation, der organismischen Umwelt entstammt, entsteht.

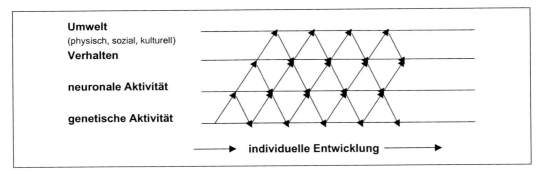

Abb. 1 Darstellung der Wechselseitigkeit genetischer, neuronaler, Verhaltens- und Umwelteinflüsse im Verlauf der individuellen Entwicklung (nach Gottlieb 2002)

(Maret 1997). Diese Fähigkeit ist für das Überleben des Kindes von großer Bedeutung: Es erwirbt nämlich so die Fähigkeit, nach seiner Geburt bekannte Stimuli seiner Umwelt (die Milch, den Geruch, die Stimme seiner Mutter!) wiederzuerkennen (Hepper 2002). Die (pränatale) Bindung an die Mutter ist in diesem Sinne biologisch verankert.

Lernen schließt Gedächtnisleistungen ein. Hier stellt sich die äußerst interessante Frage, auf welche Weise pränatale Erfahrungen erinnert werden können. Die moderne Gedächtnisforschung hat dazu Folgendes beizutragen: Die Vorstellung vom Gedächtnis als Speichermodell ist veraltet. Das **Gedächtnis** ist nicht an ein Organ gebunden, sondern gilt »als Funktion des gesamten Organismus ... als komplexen, dynamischen, rekategorisierenden und interaktiven Prozess ...« (Leuzinger-Bohleber et al. 1998, S. 519). »In der Gedächtnisforschung ... versteht man heute unter ‚Gedächtnis' alles, was den Einfluss vorangegangener Erfahrungen widerspiegelt. Eine solche Definition beinhaltet auch die präverbalen, präpresentativen, präsymbolischen, ja selbst pränatalen Erfahrungen, die neuerdings zunehmend Gegenstand psychotherapeutischer Bearbeitung werden« (Köhler 1998, S. 142). Im Gegensatz zum expliziten Gedächtnis, das Bewusstsein bei der Codierung und bei der Erinnerung einschließt, funktioniert das implizite Gedächtnis schon vor der Geburt (Siegel 1999). Es bezieht sich auf Verhalten, Emotionen, Wahrnehmungen und körperliche Empfindungen. Zusammenfassend konstatieren wir, dass Erfahrungen in der Gebärmutter in impliziter Weise vom Organismus erinnert werden können. Bei Reaktivierung zeigen sich solche Erinnerungen in mehr oder weniger diffusen (Körper-)Wahrnehmungen, Ahnungen, Stimmungen, Gefühlen und Verhaltensweisen, ohne Bewusstsein über ihren prä- oder perinatalen Hintergrund. Bezogen auf die psychotherapeutische Praxis müssen wir also davon ausgehen, dass wir unter Umständen mit diesen Erfahrungen in Form diffuser (Körper-)Regressionen konfrontiert werden.

Ein plastisches Gehirn von Anfang an

Bei der Geburt ist das Gehirn das undifferenzierteste Organ des Körpers (Siegel 1999). Diese Tatsache wird regelmäßig zum Anlass genommen, die vorgeburtliche Hirnentwicklung als für die weitere Entwicklung irrelevant darzustellen. Dies ist jedoch eine sehr einseitige Einschätzung und beruht auf der deterministischen Vorstellung, dass das Gehirn erst »richtig« funktioniert, wenn es »fertig« ist. Das Gehirn ist aber niemals »fertig«, es kreiert sich immer wieder neu (Hüther 2001; Siegel 1999). Gerade die Plastizität, das heißt die Empfänglichkeit für Umwelteinflüsse ist charakteristisch für das Gehirn des Menschen (Hüther 2001). Dabei ist die **pränatale Gehirnentwicklung** ein besonders sensibles Geschehen: Das pränatale Kind braucht dafür Bau- und Nährstoffe, Sauerstoff etc. aus dem mütterlichen Organismus. Dabei wird es jedoch auch konfrontiert mit Unzulänglichkeiten der plazentaren Versorgung, mit Stoffwechselstörungen der Mutter, mit Wirkstoffen wie Alkohol, Nikotin, Drogen, Medikamenten, mit im Blut zirkulierenden Hormonen und anderen Stoffen (Hüther 2001). So genannte teratogene Faktoren können für Struktur und Funktion des Gehirns weit reichende Folgen haben und sich auch in psychologischen und Verhaltensstörungen auswirken (van den Bergh 2002).

Die Reifung wichtiger Hirnzentren beginnt sehr früh: Hypothalamus, Amygdala und Mammillarkörper bilden sich um die fünfte und sechste Schwangerschaftswoche, gefolgt von den wichtigsten limbischen Verbindungswegen in der sechsten und siebten Woche (Roth 2001). »Über den Prozess der Feinverdrahtung innerhalb dieser Zentren ist noch wenig bekannt; man kann allerdings davon ausgehen, dass er sehr früh einsetzt. Zumindest sind die wichtigsten limbischen Zentren und Verbindungstrakte schon weit vor der Geburt vorhanden« (Roth 2001, S. 335). Die Bedeutung dieser Hirnareale wird von den meisten Menschen unterschätzt. Sie setzen das menschliche Gehirn mit dem Neokortex gleich und idealisieren Denkprozesse und Bewusstsein als den zivilisierten Menschen prägende Funktionen. Die Ergebnisse der Neurobiologie zeigen jedoch, dass die Funktionen des Neokortex untrennbar verbunden sind mit denen der so genannten »niederen« Hirnstrukturen (Siegel 1999). Denken, Fühlen und Handeln sind immer Funktionen des gesamten Gehirns. Zum Beispiel können »Bewusstsein und Einsicht ... nur mit »Zustimmung« des limbischen Systems in Handeln umgesetzt werden ... Was letztendlich getan wird, entscheidet das limbische System« (Roth 2001, S. 452f.). Zusammenfassend schreibt Gerhard Roth (2001, S. 456): «... die Ausbildung der Persönlichkeit (beginnt) bereits in den ersten Wochen der Embryonalentwicklung mit dem Entstehen der Strukturen, die unsere affektive Grundausrüstung hervorbringen. Noch während der Embryonalentwicklung entsteht die zweite Schicht des limbischen Systems, die das System empfänglich macht für konditionierende Prozesse. Die Geburt und die Erlebnisse der ersten Stunden, Tage, Wochen und Monate danach wirken als Umweltreize zutiefst auf diese Konditionierungsebene ein und formen dadurch das Grundgerüst unserer Persönlichkeit.«

Die rechte Hirnhälfte und die Notwendigkeit emotionaler Resonanz

Beinahe das gesamte Gehirn ist asymmetrisch strukturiert.[5] Die Basis dieser Asymmetrie scheint schon in frühen, wahrscheinlich fötalen Stadien angelegt zu werden. «Exposure to hormones during fetal growth is felt to be one factor that directly influences the specialization of hemispheric function. Studies have found that lateralization probably occurs before birth, reinforcing the notion that innate genetic and other constitutional factors (produced by conditions in utero) may play a large role in the initial differentiation of the two hemispheres» (Siegel 1999, S. 191). Obwohl man vorsichtig damit sein muss, der rechten und linken Gehirnhälfte abgegrenzte Funktionen zuzuweisen, kann man dennoch sagen, dass die rechte Hemisphäre mehr bei rezeptiver und selbstregulatorischer, motorischer Aktivität involviert ist. Sie ist spezialisiert auf »Ganzheitlichkeit« und Affektabstimmung mit anderen Menschen, eine Funktion, die Voraussetzung für Bindung und Kommunikation zwischen zum Beispiel Mutter und Kind ist (Siegel 1999). Erfahrungen, die mit sozialen Beziehungen zu tun haben, prägen sie besonders (Schore 1994). Interessant ist in diesem Zusammenhang, dass die rechte Hemisphäre in den ersten drei Lebensjahren gegenüber der linken dominant ist.[6] Das Kleinkind ist sozusagen ganz angewiesen auf emotionale Resonanz (s.u.). Wir gehen davon aus, dass dies schon während der fötalen Entwicklung seinen Anfang nimmt. Diese Annahme ist kohärent mit einer Hypothese, die wir aus unserer klinischen Arbeit entwickelt haben, und die wir weiter unten untersuchen wollen: Die vor allem unbewusste emotionale Beziehung zwischen Mutter und Kind während der Schwangerschaft ist ein wesentlicher Faktor für die psychischen Entwicklungsbedingungen des Kindes.

---

[5] Asymmetrie besteht auch im Hirnstamm, limbischen System, in der Amygdala etc., lange vor der Entwicklung des Neokortex (Siegel 1999).

[6] Erst am Ende des dritten Lebensjahres entwickelt sich das Corpus callosum, das den direkten Informationsaustausch zwischen beiden Hemisphären erlaubt.

Frühe Prägungen

Besonders in bestimmten sensiblen Phasen prägen Umwelteinflüsse das pränatale Kind unter Umständen für sein ganzes Leben. Auch die Geschlechtsentwicklung ist nicht ausschließlich genetisch determiniert: Weiblichen Ratten, denen in einer Periode kurz vor bis kurz nach der Geburt eine große Menge Testosteron verabreicht wird, entwickeln sich physisch und im Verhalten wie normale Männchen. Männchen, denen in dieser Zeit durch Kastration Testosteron fehlt, entwickeln sich wie weibliche Ratten. Obwohl die Männchen immer noch ein Y-Chromosom und die Weibchen zwei X-Chromosomen haben, entwickeln sich ihre Geschlechtsorgane und ihr Verhalten im Gegensatz dazu. Dabei ist, wie gesagt, das Timing wesentlich. Bei Menschen scheint diese sensible Phase zwischen der 12. und 20. Schwangerschaftswoche zu liegen (Verny u. Weintraub 2002).

Überraschend sind auch die Forschungen zur »**pränatale Programmierung**« chronischer Krankheiten wie Herz- und Kreislaufkrankheiten, hoher Blutdruck, Zuckerkrankheit und Fettsucht (Nathanielsz 1999). Diese Ergebnisse gehen zurück auf Tierexperimente und umfangreiche epidemiologische Studien. Im «Holländischen Hungerwinter« zum Beispiel, zwischen September 1944 und Mai 1945, wurde die Nahrungsmittelzufuhr durch die deutschen Besatzungstruppen in dramatischer Weise begrenzt. Dieses Ereignis hatte lebenslange Folgen für die Gesundheit von Kindern, die von Frauen geboren wurden, die während dieser Periode schwanger waren. »The specific effects of the Hunger Winter on lifetime health depend on the stage of pregnancy at which the pregnant mother was deprived of adequate nutrition. Male children ... had a greater tendency to obesity if their mothers were only exposed to starvation in the first third of pregnancy. If the mothers were starved in the last third of pregnancy, male children had a decreased likelihood of becoming obese in later life. There is also a higher incidence of diabetes and schizophrenia« (Nathanielsz 1999, S. 34). Frühe Programmierung ist demnach Folge eines Mangels an (bestimmten) Nährstoffen beziehungsweise des Einflusses von Stresshormonen in utero.

»Nahrungsmangel setzt im Körper des Fötus eine Stressreaktion in Gang ... und stimuliert Kompensationsmechanismen. Dies ... kann dazu führen, dass wichtige Organe und Regulationssysteme weniger optimal aufeinander abgestimmt werden ...« (van den Bergh 2002, S. 103). Tierversuche zeigen, dass der Fötus sich widrigen Umweltbedingungen anpasst, indem er seine Energie vor allem für die Gehirnentwicklung verwendet und weniger für den Aufbau der übrigen Körperfunktionen (Nathanielsz 1999). Die Folge ist unter anderem ein geringeres Geburtsgewicht, was als Symptom für eine suboptimale pränatale Umgebung gilt (Nathanielsz 1999; van den Bergh 2002).

Gestresste Mütter — verstörte Kinder

Die Stressforschung liefert Hinweise darauf, dass nicht nur körperliche, sondern auch psychische Bedingungen, vermittelt durch den Organismus der schwangeren Frau, auf die psychophysische Entwicklung des Kindes einwirken. Stress in der Schwangerschaft wurde in Langzeitstudien durch Fragebögen beziehungsweise physiologische Daten gemessen und verglichen mit eventuellen Schwangerschafts- und Geburtskomplikationen sowie mit Verhaltensdaten des Kindes. Pränatale Angst oder Stress korrelierte mit einem geringen Geburtsgewicht oder mit Frühgeburt (van den Bergh 2002a). Die emotionalen und körperlichen Folgen von Frühgeburt können dramatisch sein und auch ein geringes Geburtsgewicht kann weit reichende Folgen haben: Es stellt einen Risikofaktor bei der Geburt dar und korreliert mit dem Auftreten von Krankheiten bei Babys, Kleinkindern und sogar viele Jahre später bei Erwachsenen (s.o. Nathanielsz 1999). Prospektive Langzeitstudien zeigen, dass sich pränatal gestresste Kinder durch **Verhaltensmerkmale** unterscheiden, die man unter Erregbarkeit und Selbstregulationsstörungen zusammenfassen kann. Im Alter von sieben bis acht Monaten fallen sie durch vermehrtes Schreien, motorische Unruhe, mangelnde Anpassungsfähigkeit sowie einen psychologischen und motorischen Entwicklungsrückstand auf (Huizink 2000; van den Bergh 2002). Noch im Alter von acht und neun Jahren findet man bei Jungen Beeinträchtigungen der

Impulskontrolle, Hyperaktivität, Aufmerksamkeitsstörungen und Aggression. Mädchen zeigen mehr soziale Probleme und externalisierendes Verhalten (van den Bergh 2002a). Dieses Ergebnis könnte im Zusammenhang mit unserem Thema relevant sein. Mangelnde Selbststeuerung (Arbeitskreis OPD 1996) bei Erwachsenen gilt als ein wichtiges Indiz für Störungen in der strukturellen Integration und kann als ein Risikofaktor für psychopathologische Entwicklungen angesehen werden. Den diesen Korrelationen zu Grunde liegende Mechanismus[7] stellt man sich folgendermaßen vor (s. Abb. 2): Stresshormone, insbesondere Glukokortikoide, gelangen über die Plazenta in das Blut des pränatalen Kindes. Auch Zellen der Plazenta können angeregt werden, Stresshormone zu produzieren. Außerdem kann mütterlicher Stress über die Aktivierung des sympathischen Nervensystems die Blutzufuhr zu Uterus und Plazenta reduzieren und damit eine Stressreaktion im Ungeborenen induzieren (Huizink 2000).

Depressive Mütter – depressive Kinder

Neugeborene, die von Frauen geboren wurden, die im letzten Drittel der Schwangerschaft depressiv waren, zeigen auch Zeichen von Depressivität. »Depressed mothers … had elevated cortisol and norepinephrine and low levels of dopamine during the last trimester of pregnancy. This profile was mirrored by their newborn's high cortisol and norepinephrine levels and low dopamine levels« (Lundy et al. 1999, S. 127). Dieses Ergebnis ist umso schockierender, wenn man bedenkt, dass eine depressive postnatale Beziehungsgestaltung zwischen Mutter und Kind diese Effekte nur noch verstärkt und dadurch eine Entwicklung in Richtung späterer Psychopathologie immer wahrscheinlicher wird. Wie wir weiter unten ausführen werden, könnte Depressivität als Versuch gewertet werden, frei flottierende Vernichtungsangst durch Affektlosigkeit zu neutralisieren (Dulz 2000).

Bindungstheorie und Schwangerschaft

Die frühe Beziehungsgestaltung zwischen Mutter und Kind gilt gegenwärtig als einer der wesentlichen Faktoren für gesunde beziehungsweise psychopathologische Entwicklung. Die Bindungstheorie bietet hierfür einen theoretischen Rahmen. Nach Mary Main formen sich die frühesten Bindungsbeziehungen im Alter von sieben Monaten (Siegel 1999). Einige wenige bindungstheoretisch orientierte Studien schließen die Schwangerschaft mit ein (Fonagy et al. 1991; Benoit u. Parker 1994). Fonagy et al. (1991) untersuchten zum Beispiel die Bindungsrepräsentationen der Frau während der Schwangerschaft und verglichen sie mit dem Bindungsmuster zwischen ihr und ihrem Kind im Alter von einem Jahr. In 75% der Fälle konnte die Bindungssicherheit des Kindes (gemessen mit der Fremde-Situation) anhand der Bindungssicherheit der Mutter (gemessen mit dem Adult Attachment Interview im letzten Drittel der Schwangerschaft) vorhergesagt werden und weist auf eine intergenerationale Übertragung von Bindungsrepräsentationen hin, lässt aber keinerlei Aussagen über die Art und Weise zu, wie diese Übertragung zu Stande kommt. Es wird also nicht davon ausgegangen, dass sie durch die pränatale Bindungsbeziehung vermittelt werden könnte. Die Annahme einer pränatalen Bindung sprengt denn auch den Rahmen der Bindungstheorie. Dennoch beginnen Bindungstheoretiker neuerdings offen über die Möglichkeit pränataler Bindung nachzudenken (Munz 2002). Durch ihre stark empirische Ausrichtung kommt die Bindungstheorie hier allerdings leicht an ihre Grenzen. Sie sieht sich vor großen methodischen Problemen.[8]

Dennoch erscheint uns die Sichtweise sehr plausibel, wonach die pränatale Beziehung zwischen Mutter und Kind als erste Bindung beschrieben wird. Wie oben schon erwähnt, ist es nämlich sehr wahrscheinlich, dass die pränatale Bindung eine biologische Grundlage hat. Sie scheint dem Überleben des Kindes zu dienen, indem das Neugeborene im Kontakt mit der Mutter Aspekte der

---

[7] Noch versteht man diese Mechanismen nicht vollständig (Huizink 2000).

[8] Forschungen zur pränatalen Bindung benutzen fast ausschließlich die Mother-Fetal-Attachment Scale von Cranley, die jedoch methodisch ziemlich umstritten ist (s. Munz 2002).

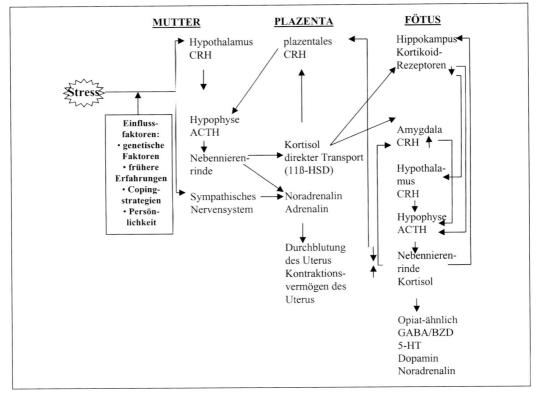

Abb. 2 Wirkungsweisen von pränatalem Stress auf den Fötus einschließlich einiger positiver Feedback-Schleifen (nach Huizink 2000)

pränatalen mütterlichen Umgebung wiedererkennt (durch auditives und chemosensorisches Lernen) (Hepper 1995; 2002).[9] Die Evolution hat dem Fötus die Fähigkeit mitgegeben, zu lernen und sich emotional an seine Eltern zu binden. Weiterhin müssen wir davon ausgehen, dass es »gute« und »weniger gute« Bindungsbeziehungen gibt. Sie führen zu differenzierten organismischen Bindungsrepräsentanzen (Piontelli 1996), die die Person unter Umständen als programmierte Verhaltensweisen ein Leben lang begleiten. Ihre Qualität ist abhängig von den körperlich-emotionalen Antworten der (Gebär)-Mutter, die wir als Resonanz bezeichnen. Der Begriff der Resonanz korrespondiert mit der postnatalen »Feinfühligkeit« der Mutter, die von der Bindungstheorie beschrieben wird.

Die pränatale Beziehung

Im Folgenden[10] wollen wir uns der Dynamik pränataler Erfahrungen zuwenden und untersuchen, welche ihrer Aspekte zu einer psychopathologischen Entwicklung beitragen können. Wir verlassen hierbei den Boden empirischer Wissenschaft und schöpfen aus unserer klinischen Erfahrung. Von einem streng empirischen Standpunkt aus gesehen sind die hier angebotenen Modelle zugegebenermaßen spekulativ. Im Anschluss an die

---

[9] Peter Hepper vom «Fetal Behaviour Research Centre« in Belfast untersucht zum Beispiel pränatales auditives sowie chemosensorisches Lernen (Geruchs- und Geschmackslernen: Sie sind wahrscheinlich in der pränatalen Umgebung nicht differenzierbar bzw. werden gleichzeitig stimuliert). Er betont die biologische Wichtigkeit des postnatalen Wiedererkennens der mütterlichen Stimme sowie die Ähnlichkeit des Geschmacks von Muttermilch und Fruchtwasser (Hepper 1995; 2002).

[10] Teile des folgenden Textes sind übernommen aus dem Artikel «Die erste Beziehung« von Inge Krens (Krens 2001a).

oben dargestellten Forschungsergebnisse stellen sie jedoch den Versuch einer auf den Bereich der Psychotherapie bezogenen Hypothesen- und Theorienbildung dar – nicht mehr und nicht weniger.

»In Beziehung« – von Anfang an

Eigentlich fängt die pränatale Beziehung zwischen Mutter, Vater und Kind vor der Konzeption an: mit den Wünschen und Sehnsüchten seiner Eltern, ihren Ängsten, Erwartungen, Befürchtungen und versteckten Motivationen. Schon jetzt wird das Kind Teil einer physischen, emotionalen, sozialen und spirituellen Ökologie. Schon die Begegnung zwischen Eizelle und Spermium geschieht »in Beziehung«: Die Eizelle wählt sich das »richtige« Spermium sozusagen aus (Verny u. Weintraub 2002). Wenn beide miteinander verschmelzen, dann geschieht das in einem bestimmten Milieu, das einzigartig ist, und so wie es jetzt ist, nie wieder sein wird. Der Blastozyst ernährt sich von seiner Umgebung, die sich wiederum durch die Anwesenheit des Blastozysten in dramatischer Weise verändert. Nur durch diese **ständige Wechselwirkung** findet Entwicklung statt: äußerst individuell, immer anders. Sie geschieht durch hormonellen Austausch, durch das Ausmaß der Sauerstoffzufuhr, die Berührung mit dem Fruchtwasser, der Gebärmutterwand, der Nabelschnur, durch Geräusche und Töne, die über den Körper der Mutter die intrauterine Welt des Fötus erreichen, durch die Zufuhr von gesunden, aber auch schädlichen Stoffen, und durch Gefühle der Mutter, in denen er quasi »schwimmt«. Körper und Seele sind dabei untrennbar »eins«. Das Kind erlebt den körperlichen und emotionalen Zustand der Mutter unmittelbar mit, genauso wie die Mutter – bewusst oder unbewusst – den Zustand des Kindes miterlebt.

Eine organismische Beziehung

Man wird den speziellen Charakteristika der pränatalen Beziehung nicht gerecht, wenn man sie mit den üblichen psychologischen Begriffen beschreibt; diese bleiben immer vor allem »äußerlich« und begeben sich nicht in die körperlich-emotionale Welt einer organismischen Beziehung zwischen einem Zellhäufchen und einer Gebärmutterwand, einem Embryo und dem Fruchtwasser, einem Fötus und dem Geburtskanal etc. Peter Sloterdijk (1998, S. 299f.) führt uns in diese Welt ein: «... das Kind im Werden (erfährt) sensorische Präsenzen von Flüssigkeiten, Weichkörpern und Höhlengrenzen ... plazentales Blut an erster Stelle, dann das Fruchtwasser, die Plazenta, die Nabelschnur, die Fruchtblase und eine vage Vorzeichnung von Raumgrenzen-Erfahrung durch Bauchwandwiderstand und elastische Umwandung ... Gäbe es schon frühe «Objekte» in diesem Feld, so könnten sie ihrer Gegebenheitsweise nach immer nur Objekt-Schatten oder Vorschein-Dinge sein ... Als Kandidat für solche Objekt-Schatten kommen in erster Linie die Nabelschnur – von der es frühe Tastwahrnehmungen geben mag – sowie die Plazenta in Frage, die als Vorbote eines ersten Gegenübers wie ein nährender Urbegleiter des Fötus eine frühe diffuse Präsenz besitzt.»

Leben im Schlaraffenland?

Die Zeit im Mutterleib wird gemeinhin als eine Art »Schlaraffenland« dargestellt, als ein beglückender Zustand der Rundumversorgung, zu dem wir uns alle zurücksehnen. Nicht jedes Kind ist allerdings willkommen. Manchmal sind die Lebensumstände schwierig, es herrscht ökonomische Unsicherheit, die Beziehung von Mutter und Vater ist unsicher oder fehlt vollständig, oder die Frau ist aus emotionalen Gründen nicht in der Lage, die Schwangerschaft zu akzeptieren. Wirkt das auf das pränatale Kind? Macht es einen Unterschied, ob das Kind in Liebe empfangen oder »Produkt« einer Vergewaltigung in Kriegszeiten ist? Was erlebt das Kind im Bauch einer depressiven oder psychotischen Mutter? Wahrscheinlich ähnelt das gebärmütterliche Leben mancher Menschen eher einer Hölle als einem Schlaraffenland.

Unbewusste Speicherung pränataler Erfahrungen

Die »erste Beziehung« ist so absolut und durch Abhängigkeit geprägt, dass damit immer auch existenzielle Themen um Leben und Tod berührt werden. Ist die pränatale Erfahrung durch traumatische Erlebnisse wie Abtreibungsversuche oder andere Gewalt- oder Nahtod-Erfahrungen belastet, die die Existenz des Fötus bedrohen, kann die Psyche durch Schockreaktionen beziehungsweise den Versuch, diese unter allen Umständen zu kontrollieren, bestimmt sein. Diese Schockreaktionen rufen im Falle chronischer Stimulierung wahrscheinlich primitive Überlebensstrategien hervor, die die weitere Entwicklung nachhaltig beeinflussen und sich im erwachsenen Leben als ein Gefühl von Vernichtungs- beziehungsweise Todesangst manifestieren können. Wenn positive Bindungserfahrungen überwiegen[11], »erinnert« der Organismus dagegen diffus ein grundlegendes Gefühl von Sicherheit, körperlicher und emotionaler Kohärenz, Entspannung und Ganzheitlichkeit. Pränatale Erinnerungen sind Teil unserer unbewussten, vegetativen Lernerfahrungen und Anpassungsleistungen. Es ist sehr schwer, wahrscheinlich sogar unmöglich, mithilfe unseres Bewusstseins zu den Erinnerungsspuren aus dieser bedeutungsvollen Lebensphase Zugang zu bekommen. Unbewusste, **implizite Erinnerungsspuren** können jedoch fühl- und sichtbar werden in Träumen, Emotionen, körperlichen Empfindungen, in kreativem Ausdruck oder auch regressiven Zuständen, denen wir begegnen, wenn wir uns nach absoluter Sicherheit und Halt sehnen.

Das pränatale Bindungsdefizit

Pränatale Faktoren, die eine spätere Psychopathologie begünstigen, verstehen wir als Ergebnis mangelnder oder negativer (unangemessener) Resonanz des mütterlichen Organismus auf die körperlichen und emotionalen Bedürfnisse des pränatalen Kindes. Ihnen liegt also ein pränatales Bindungsdefizit zu Grunde. Da körperliche und emotionale Zustände auf dieser Ebene untrennbar sind, schließt diese Definition auch »körperliche« Vorgänge wie einen vorübergehenden Sauerstoff- oder Nahrungsmangel mit ein. Wir gehen davon aus, dass auch »körperliche« Vorgänge als emotionale Unterbrechung eines bindungsmäßigen Kontinuums wahrgenommen, erlebt und dementsprechend verarbeitet werden. Wenn wir über »Wahrnehmung« oder »Erleben« des pränatalen Kindes sprechen, ist das ein sehr zweifelhafter Versuch, die pränatale Psyche mit Begriffen zu beschreiben, die zu einer Welt von Bewusstsein und getrennter Objekte passt. Wir kommen hier an sprachliche Grenzen und werden konfrontiert mit dem Mangel an Begriffen, die die Ganzheitlichkeit von Körper und Psyche zum Ausdruck bringen.

Pränatale Bindungsdefizite, die **lebensbedrohlichen Charakter** haben, können auch als Trauma beschrieben werden, da die inneren Bewältigungsmöglichkeiten des pränatalen Kindes angesichts der gebärmütterlichen Bedrohung sehr begrenzt sind. Zu nennen sind dabei Ereignisse oder Zustände, die mit Schockreaktionen einhergehen wie zum Beispiel Abtreibungsversuche, Vergewaltigung der Mutter oder andere Gewalterfahrungen, Sauerstoffmangel, Hassgefühle der Mutter etc. Da sein Abwehrsystem schwach ist, ist das pränatale Kind anfällig für traumatische Erfahrungen. Sie schwächen die sich im Werden befindliche strukturelle Integration und erhöhen dadurch die Möglichkeit traumatischer Erfahrungen im weiteren Lebensverlauf. Es ist darum sicherlich sinnvoll, bei Menschen, die unter multiplen Traumen leiden, diagnostisch auch die Möglichkeit eines pränatalen Beziehungstraumas zu untersuchen. Dieses ist tief im Unbewussten verborgen und äußert sich in dysfunktionalen Verhaltens- und Erlebnisweisen wie körperlicher und psychischer Erstarrung, Panik, Dissoziationen sowie Kampf- und Fluchtimpulsen. Diese Symptome treten vor allem als unbewusste Reaktion auf Liebes-, Scham- und Abhängigkeitsgefühle (s.u.) auf.

Pränatale Bedürfnisse und ihre Bedrohungen

Das grundlegende emotionale Bedürfnis des pränatalen Kindes ist die positive Bindung an seine Mutter. Voraussetzung dafür ist ihre adäquate Resonanz auf seine Bedürfnisse. Folgende Aspekte dieses Grundbedürfnisses können eine Rolle spielen.

Das Bedürfnis nach Halt und organismischer Integrität versus die Drohung sich aufzulösen/zu desintegrieren

Die Angst, die Grenzen zu verlieren und zu desintegrieren, wird bei einigen sehr früh gestörten

---
[11] Dies ist in emotionaler Hinsicht zum Beispiel dann der Fall, wenn die Psyche der Mutter stabil genug ist, sie Ambivalenzen und normale Schwangerschaftsängste verarbeiten kann, dem Kind einen an ihn angepassten Rhythmus von Aktivität und Entspannung bietet und es »schwimmen lässt« in einer Mixtur von Hoffnung, Vertrauen und freundlichen Empfindungen ihm gegenüber.

Patienten als reale Gefahr erlebt. Wir sehen die psychotische Desintegration als letzte Möglichkeit des Organismus an, mit schwerster Todesangst umzugehen: mit der **Angst, ins bodenlose Nichts zu fallen,** sich aufzulösen, körperlos und strukturlos zu sein, in einer objektlosen Welt, ohne Erinnerung an eine Resonanz, die hält und trägt. In positivem Sinn wirkt der räsonierende Mutterleib wie eine natürliche, Halt gebende Umhüllung. Er gibt Raum und Schutz und hat als wesentliche Funktion, bedingungslos »benutzt« zu werden, wie »Wasser und Luft«[12]. Er ist Nährboden und freundlicher Hintergrund der Wachstumsprozesse des Kindes und ermöglicht dem pränatalen Kind, sich auf sich selbst zu konzentrieren. Dies kann zu dem Gefühl organismischer Integrität führen: ein Ganzes zu sein und eine Grenze, eine Haut um sich herum zu haben. Dies ist wesentlich für den Aufbau der psychischen Struktur, die unsere Psyche zusammenhält und uns ein Gefühl von Ganzheitlichkeit und Kontinuität vermittelt.

Das Bedürfnis, nach existenzieller Sicherheit versus die Drohung, zerstört zu werden

Existenzielle Sicherheit heißt: »leben dürfen«. Manche Kinder werden schon in der Gebärmutter mit dem Tode bedroht: durch bewusste, aber auch unbewusste **Abtreibungsversuche,** durch toxische Einflüsse, durch Drogen, aber auch durch die Vergiftung durch Hassgefühle. Leben und Tod scheinen auf einer tiefen Ebene untrennbar miteinander verbunden zu sein. Je nach dem Ausmaß dieser Bedrohung kann Zerstörung und Tod bei manchen Menschen zu einem ständigen Begleiter werden: Das kann sich in **Todessehnsucht** und Selbstmordversuchen zeigen, in einem gefährlichen Lebensstil, Selbsthass oder anderem selbstzerstörenden Verhalten.[13] Es kann sich auch in einer extremen Verleugnung der physischen Existenz äußern: einen Körper zu haben, ein Körper zu sein. Wenn man einen Körper hat, dann hat man auch Bedürfnisse. Den Körper zu fühlen und die Bedürfnisse zu fühlen könnte allerdings auch Erinnerungen an die feindseligen Angriffe auf die Existenz aktualisieren. »Sich selbst abzutreiben« kann eine Kompensationsstrategie sein, um Bindungsbedürfnisse zu eliminieren (s.a. Janus 2000). Eliminiert werden müssen auch potenziell »gute« Situationen und Beziehungen, da sie Todesängste aktualisieren und darum für das labile Gleichgewicht der Psyche zu bedrohlich sind.

Das Bedürfnis nach Kontinuität (Verbundenheit) versus die Drohung, ausgestoßen zu sein

Andere Bindungsdefizite können in dem Gefühl resultieren, emotional nicht gewollt zu sein. Die Mutter kann zum Beispiel keine warmen Gefühle für das Kind aufbringen und zieht ihre Aufmerksamkeit von ihm ab. Sie bekämpft es nicht aktiv (wie oben beschrieben), ist aber emotional nicht verfügbar. Diesem Bindungsdefizit kann eine schwer wiegende Psychopathologie der Mutter zu Grunde liegen. Andererseits können auch belastende Lebenssituationen diese Reaktionen auslösen: Man denke an eine Konzeption durch Vergewaltigung oder durch andere Umstände, die mit sozialer Schande und Scham verbunden sind, an häusliche und gesellschaftliche Gewalt, ernste finanzielle Krisen, Scheidung etc. (Emerson 1999). Das pränatale Kind wird sich als Reaktion auf diese Situation wahrscheinlich vom Kontakt entfernen, sich tief in sich selbst zurückziehen und sich in narzisstischer Weise isolieren. Möglicherweise ist dies mit einem Gefühl existenzieller Einsamkeit, Ohnmacht und tiefer Verlorenheit verbunden. Ausgestoßen und ausgeschlossen zu sein von menschlichem Kontakt ist nicht zu vereinbaren mit der inneren Notwendigkeit, »dazuzugehören« und »Teil der Menschheit« zu sein. Kompensationsversuche durch Anpassung, psychosomatische Spaltung und/oder narzisstisch gefärbten Rückzug (s.a. Janus 2000) in eine vielleicht grandiose, aber letztlich einsame und bindungslose Welt halten die negative Bindung an die emotional nicht verfügbare Mutter in Stand.[14] Auf die Dauer sind sie jedoch nicht tragbar. Letztlich führen sie zu

---

[12] Diese Begrifflichkeit geht auf Balint zurück und wird in einem anderen Kontext gebraucht (Balint 1997).

[13] Der von Freud postulierte »Todestrieb« könnte in diesem Kontext als verinnerlichter Ausdruck von Erfahrungen drohender Abtreibung Sinn machen.

[14] Siehe auch das von André Green für postnatale Beziehungskonstellationen beschriebene 'Tote-Mutter-Syndrom« (Green 1993).

existenziellen Krisen, in denen die tiefe Trauer um das versagte Lebensglück Aufmerksamkeit fordert.

Pränatale Bedingungen als Risikofaktoren späterer Psychopathologie

Die oben genannten Formen pränataler Bindungserfahrungen und die dazu beschriebenen ätiologischen Überlegungen sind erste Versuche, die Störungsanfälligkeit pränataler Beziehungsdynamik aus unserer klinischen Erfahrung zusammenzustellen. Die beschriebenen Bedürfnisse nach Halt, Sicherheit und Kontinuität (und deren Bedrohung) sind unserer Meinung nach wichtige emotionale Aspekte pränataler Existenz. Potenzielle psychische Symptomatik ist allerdings fast **niemals monokausal** auf sie zurückzuführen. Stattdessen sehen wir pränatale Traumatisierungen als mögliche Risikofaktoren oder Prädispositionen für spätere Psychopathologie. Dabei gehen wir davon aus, dass die positive beziehungsweise negative Resonanz der Mutter auf das Kind ein weitgehend unbewusstes Geschehen ist. Ein wesentlicher Faktor dabei ist eine mögliche Psychopathologie der Mutter, deren Schweregrad – aufgrund der engen, somatopsychischen Verbindung der beiden Organismen – auch die Wahrscheinlichkeit einer Störung beim Kind erhöht. Dies schließt im Besonderen unverarbeitete traumatische Erlebnisse sowie starke Bindungsdefizite in der mütterlichen Lebensgeschichte mit ein. Eventuelle äußere Stressfaktoren wirken natürlich auf das Wohlbefinden und Funktionieren der Mutter ein, ihr Einfluss ist aber abhängig vom Erleben der Mutter, dem Ausmaß ihrer strukturellen Integrationsfähigkeit und den zur Verfügung stehenden emotionalen und sozialen Ressourcen.

Die Geburt, wahrscheinlich das potenziell dramatischste Ereignis im menschlichen Leben, hat zweifellos eine große Wirkung auf die körperliche und emotionale Entwicklung des Kindes und kann unter Umständen auch als ein Risikofaktor späterer Psychopathologie angesehen werden (s. Janus 1991). Ohne hier näher auf diese Thematik eingehen zu können, stellen wir die These auf, dass das Geburtsgeschehen in manchen Fällen die Qualität der pränatalen Beziehung reflektiert.[15] Allgemein gesagt, können Geburtserfahrungen aus unserer Sicht als Störung beziehungsweise Bekräftigung der pränatalen Bindungsbeziehung aufgefasst werden. Dies gilt auch für die **postnatale Beziehung** der Mutter zu ihrem Baby. Prä- und perinatale Traumatisierungen können sich dadurch verfestigen, sie können aber auch in heilsamer Weise aufgelöst werden. Mängel in der affektiven Abstimmung, der Fähigkeit, affektive Zustände des Kindes zu regulieren, emotionales Containment zu bieten etc. (s. Milch 1998) können neurobiologisch unter anderem zu Beeinträchtigungen der Funktionen des Präfrontalkortex (Siegel 1999) und psychologisch zu verschiedensten Formen von Bindungsstörungen führen. In späteren Phasen ist die adäquate psychische Entwicklung des Kindes abhängig vom Umgang der Bezugspersonen mit der kindlichen Selbstbehauptung, Autonomie und Aggression (Krens 1998). Hier kommt in besonderem Maße der Vater ins Bild, auf dessen wichtige Rolle in die psychische Entwicklung des Kindes kurz eingegangenen werden soll.

Die Rolle des Vaters

Vermittelt über den Körper und die emotionale Resonanz der Mutter gehört der Vater[16] von der Konzeption an zu der Ökologie des Kindes. Seine fürsorgliche Liebe gibt Sicherheit. Er hat daher vor allem Schutzfunktion für Mutter und Kind. Er ist der Brückenbauer zum oder Vertreter des äußeren Lebens. Nach der Geburt bleibt diese Schutzfunktion erhalten. Dem Kind begegnet der Vater – ähnlich wie die Mutter – erst einmal in symbiotischer Weise. Seine archetypisch weiblichen Anteile kommen dabei zum Tragen: Er entwickelt versorgende »Mutterinstinkte«.[17] In diesem Lebens-

---

[15] Wichtige Faktoren sind sicherlich auch die äußeren Umstände der Geburt inklusive der Praktiken der Geburtshelfer.

[16] Der Begriff »Vater« steht hier für »das archetypisch Väterliche« im Mann. Manche Beschreibungen sind dabei idealtypisch. Es möge deutlich sein, dass der reale Vater aus Fleisch und Blut aufgrund seiner Persönlichkeit, seiner eigenen Erfahrungen mit seinen Eltern, der konkreten Lebensumstände etc. nur bedingt in der Lage ist, diese Rolle einzunehmen.

[17] Hormonell sinkt sein Testosteronspiegel, sein Oxytozinspiegel erhöht sich. Oxytozin verstärkt Bindungsverhalten (Uvnäs-Moberg 1998). Manche unsicher gebundenen jungen Väter erleben schwere Identitätskrisen und verausgaben sich in Prostituiertenbesuch, Fremdgehen, aggressivem Verhalten etc. um sich wieder »als Mann« zu fühlen.

abschnitt (bis ca. 1 1/2 bis 2 1/2 Jahre) bleibt der Vater warmer Hintergrund: Die symbiotische Beziehung zur Mutter (Krens 1998) steht im Zentrum der kindlichen Erfahrung. Die Intensität dieser Bindung zeigt sich in der physischen und emotionalen Abhängigkeit des prä- und postnatalen Kindes von der emotionalen Verfügbarkeit der Mutter. Um später diese Mutterbindung transzendieren und Autonomie und Identität mit Nähebedürfnissen integrieren zu können, ist die Rolle des Vaters absolut notwendig. Hierfür braucht das Kind einen Menschen, der symbolisch als »magischer« Vater der mütterlichen Allmacht eine **väterliche Omnipotenz** entgegensetzen kann. Der Wunsch, sich an der schützenden und starken Hand des Vaters vertrauensvoll von der symbiotischen Abhängigkeit in Richtung Gesellschaft und Autonomie zu bewegen, ist sehr stark und psychisch von großer Bedeutung. Das Kind glaubt absolut an die magischen Kräfte des Vaters, genauso wie es unerschütterlich an den Weihnachtsmann glaubt. Wenn keine Pathologie vorliegt, kann es sich dieser Kraft anvertrauen (idealisieren, identifizieren und internalisieren). Ist die Sehnsucht, mit der Omnipotenz des Vaters zu verschmelzen, gut genug bestätigt und die Ablösung von der »symbiotischen« Mutter damit geschafft, dann kann der Vater allmählich auch als Mensch mit Stärken und Schwächen reflektiert, wahrgenommen und respektiert werden.

Viele emotionale **Störfaktoren** oder Traumen können diese Entwicklungsschritte behindern. Wir wollen hier besonders auf einen Punkt aufmerksam machen, der in Zusammenhang mit der gebärmütterlichen Entwicklung relevant ist. Ist die prä- und postnatale Bindung zur Mutter geprägt durch existenzielle traumatische Erfahrungen, dann wird die Beziehung zum Vater in extremer Weise belastet: Die noch unbestätigten symbiotischen Bindungswünsche, die vom kleinen Kind nur ungenügend verarbeitet oder abgewehrt werden können, richten sich dann nämlich in extremer Weise auf ihn. Er fühlt wahrscheinlich die Intensität der unbewussten Verschmelzungswünsche (die ja nur zum Teil »zu ihm« gehören), kann sie jedoch nicht einordnen und droht sich davor zurückzuziehen. Vielleicht erlebt er das idealisierende, sich anklammernde Kind als nicht kontrollierbar und lästig. Auch das Kind hat es aufgrund kaum zu steuernder, existenzieller Angst schwer, sich dem Vater in direkter und offener Weise vertrauensvoll zuzuwenden: Sein Vertrauen in die Welt wurde ja in und bei der Mutter erschüttert. Wird das Bedürfnis nach symbolischer Identifikation mit der väterlichen Omnipotenz nicht erfüllt, dann kann das psychisch weitreichende Folgen haben.[18]

Ist diese **Frustration** eine Wiederholung der Frustration prä- und postnataler Bindungsbedürfnisse zur Mutter, dann sind die Folgen besonders intensiv. Wenn der Vater sich als gewalttätig, abwesend, verstoßend oder missbrauchend erweist, kommt es zweifellos zu einer Retraumatisierung. Das ungewollte Kind ist zutiefst enttäuscht und kreiert sich eine eigene magische Welt, wo es sich sicher und mächtig fühlt. Im Grunde kreiert es seine eigene ideale Vater-Imago im Über-Ich, mit dem es sich zu identifizieren versucht. Es schafft sich eine geschützte Welt wie ein selbst ernannter König. Regeln und Entscheidungen darüber, was gut und böse ist, werden soviel wie möglich unabhängig reflektiert. Diese Kinder wirken sehr früh erwachsen. Sie nehmen sich selbst an die Hand, bleiben im Wesen aber einsam und allein. Wie sich diese Überlebensstrategie im Verhalten äußert, ist natürlich von sehr vielen Faktoren abhängig: Auf jeden Fall müssen Scham und Neidgefühle durch die bekannten narzisstischen Abwehrstrategien, wie von Kernberg (2001) beschrieben, kontrolliert werden. Statt sich mit dem Vater eines Tages auf gleicher Ebene verbinden zu können, reagiert das Kind mit dem »symbolischen Vatermord«: Das Land kann ja nur einen König haben.[19] Es muss den Vater entwerten und zerstören. Damit droht das Kind sich allerdings auch von einer potenziell positiven Vaterrepräsentanz zu isolieren.

---

[18] Manche Väter identifizieren sich in narzisstischer Weise mit der omnipotenten Vaterrolle und machen sich dadurch emotional nicht differenzierbar und von daher menschlich unerreichbar.

[19] Ödipus war ein unerwünschtes Kind, das der Vater nach seiner Geburt töten lassen wollte, und das von seiner Mutter emotional verlassen worden war. Diese körperliche und psychische Gewalterfahrung könnte ein unbewusstes Motiv für den Vatermord sein, den Ödipus später begeht (Verny 2002). Auch das Leben des Narziss begann übrigens mit einer Gewalterfahrung (Vergewaltigung).

Pränatale Traumatisierung und strukturelle Integration

Abschließend wollen wir noch einmal zurückkommen auf die Frage, inwieweit pränatale Erfahrungen auf die Entwicklung struktureller Integrationsfähigkeit einwirken können. Aus neurobiologischer Sicht ist das Gehirn als komplexes System in der Lage, »Ordnung, Kohäsion und Stabilität« zu schaffen (Siegel 1999). Diese Funktion ist eng verbunden mit der Selbstregulation emotionaler Zustände. Die Fähigkeit zur emotionalen Selbstregulation wiederum ist abhängig von sozialen Beziehungen. Sie wird durch Bindungserfahrungen erlernt. Dies beginnt schon in der Gebärmutter.[20] Den größten Risikofaktor stellen pränatale Bindungsdefizite dar, bei denen **existenzielle Angstäquivalente** generiert werden. Die von Dulz (2000) und Hoffmann (2000) beschriebenen frei flottierenden Ängste bei Borderline-Patienten erinnern in starkem Maße an die von uns oben dargestellten Bindungsaspekte. Mit diesen Autoren sind wir der Meinung, dass Angst (Todesangst) die emotionale Grundlage der Borderline-Persönlichkeitsstörung ausmacht.[21] Es geht um die Angst, sich aufzulösen, vernichtet, ausgestoßen beziehungsweise verschlungen zu werden. Das pränatale Objekt ist Auslöserin dieser Angst. Die Aktualisierung der auf sie gerichteten intrinsischen Abhängigkeitsgefühle ist darum das schlimmste, was der Person passieren kann.

Die Bedeutung von **Aggression** im Verhalten von Klienten mit einer Borderline-Persönlichkeitsorganisation sehen wir als Versuch, eben diese existenziell bedrohlichen Angstäquivalente abzuwehren. Sie wird aktiviert bei zum Beispiel Gefühlen von Ohnmacht und Überforderung, drohendem Selbstverlust, aber auch angesichts an die Oberfläche drängender Liebesgefühle, Sexualität und Bindungswünsche. Wie oben erwähnt, müssen diese »eliminiert« werden, da sie den Organismus an unerfüllte Abhängigkeits- und Verschmelzungssehnsucht erinnern. In diesem Sinne stellen existenzielle pränatale Bindungsdefizite einen Risikofaktor für die Entwicklung einer **Psychopathologie** mit **niedrigem Strukturniveau** dar. Diese Hypothese kann auch einen Erklärungsversuch für die Tatsache darstellen, dass nicht alle Klientinnen, die in ihrer Kindheit Opfer zum Beispiel sexuellen Missbrauchs waren, eine Borderline-Persönlichkeitsstörung entwickeln. Es sind wahrscheinlich schwere prä-, peri- und postnatale Bindungsdefizite, auf deren Grundlage spätere Gewalterfahrungen besonders pathologisierend wirken. Die Beziehung zum Vater kann hierbei eine Ressource sein, kann aber auch zu Retraumatisierungen führen. Daneben wird die komplexe Dynamik natürlich auch von genetischen Dispositionen sowie die Art der sozialen Einbettung (zu viel oder zuwenig) und kulturellen Faktoren beeinflusst.

Therapeutische Implikationen

Die Implikationen einer Einbeziehung pränataler Erfahrung in eine psychodynamisch ausgerichtete Psychotherapie können hier nicht behandelt werden. Sie sind an anderer Stelle beschrieben (Krens 2001). Wichtig ist jedoch, dass Fragen zu Schwangerschaft und Geburt in die **Anamnese** Eingang finden sollten. Die angemessene Interpretation möglicher Daten ist allerdings in hohem Maße abhängig von der Bereitschaft der Therapeutin, sich auf pränatale Ebenen ihrer eigenen Psyche einzulassen. Erst wenn sich diese Bereiche in ihr geöffnet haben, kann das Verständnis für die Klientin rein intellektuelle Dimensionen transzendieren. Eine **therapeutische Begegnung,** die auf Gefühlskontakt beruht, ist bei der Bearbeitung pränataler Traumatisierungen wichtiger denn je. Besonders bei der Arbeit mit sehr früh gestörten Klientinnen warnen wir jedoch vor möglicherweise entgrenzenden Experimenten in diesem Bereich. Starke Gefühle, verzweifelte Kompensationen und sogar Dekompensationen können ausgelöst werden und die therapeutische Beziehung unter Umständen vernichten, was einer Retraumatisierung gleichkommen würde. Die Aufarbeitung pränataler Störungen bedarf einer angepassten psychotherapeutischen Technik. »Väterliche« und »mütterliche« Qualitäten der Therapeutin sind notwendig, um die komplexe Kon-

---

[20] Diese Auffassung wird gegenwärtig, vor allem aufgrund der Forschungen von Piontelli (1996) für den Bereich der Borderline-Persönlichkeitsstörung in Erwägung gezogen (Dulz u. Jensen 2000; Milch 1998).

[21] Wir nehmen an, dass dies auch für andere Störungen mit einer Borderline-Persönlichkeitsorganisation gilt.

tinuität von früher Traumatisierung durch die Mutter und den Vater verstehen und aufarbeiten zu können. Die Therapeutin ist dabei sowohl menschlich als auch in reflektierender Distanz anwesend. Der therapeutische Prozess bietet einen sicheren Halt: Einerseits werden Grenzen beachtet, gesetzt und bestätigt, andererseits ist Raum für heilsame Erfahrungen von »Grenzenlosigkeit«: immer in Kontakt mit der Therapeutin, immer »in Beziehung«.

Literatur

Alberti B (2002). »... Eigentlich dürfte ich gar nicht da sein« – Auswirkungen pränataler Traumatisierung auf postnatale Zeiträume. In: Ursprung und Werden. Krens H (Hrsg). Hamburg: Gesellschaft für Tiefenpsychologische Körpertherapie; 45-62.

Anders-Hoepgen T (2002). Die Berührung in der psychotherapeutischen Bindungsarbeit. In: Ursprung und Werden. Krens H (Hrsg). Hamburg: Gesellschaft für Tiefenpsychologische Körpertherapie; 63-80.

Arbeitskreis OPD (Hrsg) (1996). Operationalisierte Psychodynamische Diagnostik: Grundlagen und Manual. Bern: Huber.

Balint M (1997). Therapeutische Aspekte der Regression. Die Theorie der Grundstörung. Stuttgart: Klett-Cotta.

Benoit D, Parker KCH (1994). Stability and transmission of attachment across three generations. Child Dev 65: 1444-56.

Deneke F (1999). Psychische Struktur und Gehirn. Die Gestaltung subjektiver Wirklichkeiten. Stuttgart, New York: Schattauer.

Dulz B (2000). Der Formenkreis der Borderline-Störungen: Versuch einer deskriptiven Systematik. In: Handbuch der Borderline-Störungen. Kernberg OF, Dulz B, Sachsse U (Hrsg). Stuttgart, New York: Schattauer; 57-74.

Dulz B, Jensen M (2000). Aspekte einer Traumaätiologie der Borderline-Persönlichkeitsstörung: psychoanalytisch-psychodynamische Überlegungen und empirische Daten. In: Handbuch der Borderline-Störungen. Kernberg OF, Dulz B, Sachsse U (Hrsg). Stuttgart, New York; 193.

Emerson W (1999). Shock: A universal malady. Prenatal and perinatal origins of suffering. Petaluma CA: Emerson Training Seminars.

Fonagy P, Steele H, Steele M (1991). Maternal representations of attachment during pregnancy predict the organization of infant-mother-attachment at one year of age. Child Dev 62: 891-905.

Gottlieb G (2002). Individual Development & Evolution. Mahwah, London: Lawrence Erlbaum.

Green A (1993). Die tote Mutter. Psyche 3: 205-40.

Hepper P (1995). Human fetal »olfactory« learning. Int J Prenatal Perinatal Psychol Med 7: 147-51.

Hepper P (2002). Prenatal learning: Building for the future. In: Vienna Symposium 2001. The Significance of the Earliest Phases of Childhood for Later Life and for Society. Janus L (ed). Heidelberg: ISPPM; 33-7.

Hoffmann SO (2000). Angst – ein zentrales Phänomen in der Psychodynamik und Symptomatologie des Borderline-Patienten. In: Handbuch der Borderline-Störungen. Kernberg OF, Dulz B, Sachsse U (Hrsg). Stuttgart, New York: Schattauer; 227-36.

Huizink A (2000). Prenatal stress and its effect on infant development. Unveröff. Diss. http://www.library.uu.nl/digiarchief/dip/diss/1933819/inhoud.htm.

Hüther G (2001). Bedienungsanleitung für ein menschliches Gehirn. Göttingen: Vandenhoeck & Ruprecht.

Janus L (1991). Wie die Seele entsteht. Unser psychisches Leben vor und nach der Geburt. Hamburg: Hoffmann und Campe.

Janus L (2000). Der Seelenraum des Ungeborenen. Pränatale Psychologie und Therapie. Düsseldorf: Walter.

Kernberg O F (2001). Die narzisstische Persönlichkeit und ihre Beziehung zu antisozialem Verhalten und zu Perversionen. Persönlichkeitsstörungen 5: 137-71.

Köhler L (1998). Einführung in die Entstehung des Gedächtnisses. In: Erinnerung an Wirklichkeiten. Psychoanalyse und Neurowissenschaften im Dialog. Band 1. Bestandsaufnahme. Koukkou M, Leuzinger-Bohleber M, Mertens W (Hrsg). Stuttgart: Internationale Psychoanalyse.

Krens I (1998). Freiheit durch Bindung – zum Wesen der Tiefenpsychologischen Körpertherapie. Energie Charakter 18: 94-124.

Krens I (2000). Von Bindungswunsch und Bindungsangst. Teil 1. Energie Charakter 22: 68-83.

Krens I (2001). Von Bindungswunsch und Bindungsangst. Teil 2. Energie Charakter 23: 20-37.

Krens I (2001a). Die erste Beziehung. Int J Prenat Perinat Psychol Med 13: 127-51.

Leuzinger-Bohleber M, Pfeifer R, Röckerath K (1998). Wo bleibt das Gedächtnis? In: Erinnerung an Wirklichkeiten. Psychoanalyse und Neurowissenschaften im Dialog. Band 1. Bestandsaufnahme. Koukkou M, Leuzinger-Bohleber M, Mertens W (Hrsg). Stuttgart: Internationale Psychoanalyse.

Lundy BL, Jones NA, Field T, Nearing G, Davalos M, Pietro PA, Schanberg S, Kuhn C (1999). Prenatal depression effects of neonates. Infant Behav Dev 22: 119-29.

Maret S (1997). The prenatal person. Frank Lake's Maternal-Fetal Distress Syndrome. Lanham, New York: Oxford University Press of America.

Milch W (1998). Überlegungen zur Entstehung von Borderline-Störungen auf dem Hintergrund der Säuglingsforschung. Persönlichkeitsstörungen 2 (1): 10-21.

Millon T (1996). Disorders of Personality. DSM-IV and Beyond. New York, Chichester, Brisbane, Toronto, Singapore: John Wiley u. Sons.

Munz D (2002). Die pränatale Mutter-Kind-Beziehung. In: Klinische Bindungsforschung. Strauß B, Buchheim A, Kächele H (Hrsg). Stuttgart, New York: Schattauer; 162-72.

Nathanielsz PW (1999). Life in the Womb: The Origin of Health and Disease. Ithaca, New York: Promethean.

Piontelli A (1996). Vom Fetus zum Kind. Die Ursprünge des psychischen Lebens. Stuttgart: Klett-Cotta.

Roth G (2001). Fühlen, Denken, Handeln. Frankfurt: Suhrkamp.

Rudolf G (1999). Persönlichkeitsstörung und Persönlichkeitsstruktur. Persönlichkeitsstörungen 3: 40- 48.

Saß H, Wittchen H-U, Zaudig M (1996). Diagnostisches und statistisches Manual psychischer Störungen DSM-IV. Göttingen, Bern, Toronto, Seattle: Hogrefe.

Schore AN (1994). Affect Regulation and the Origin of the Self. The Neurobiology of Emotional Development. Hillsdale, Hove: Lawrence Erlbaum

Siegel DJ (1999). The Developing Mind. Toward a Neurobiology of Interpersonal Experience. New York, London: Guilford.

Sloterdijk P (1998). Spären I. Frankfurt: Suhrkamp.

Uvnäs-Moberg K (1998). Ocytocin may mediate the benefits of positive social interaction and emotions. Psychoneuroendocrinology 23: 819-35.

Verny T, Weintraub P (2002). Tomorrow's Baby. The Art and Science of Parenting from Conception through Infancy. New York, London, Toronto, Sydney, Singapore: Simon u. Schuster.

van den Bergh B (2002). Het belang van de prenatale levensfase voor de ontwikkeling van psychopathologie. Kind en Adolescent 23: 97-111.

van den Bergh B (2002a). The effect of maternal stress and anxiety in prenatal life on fetus and child. An overview of research findings. In: Vienna Symposium 2001. The Significance of the Earliest Phases of Childhood for Later Life and for Society. Janus L (ed). Heidelberg: ISPPM.

Sabine Trautmann-Voigt

Aspekte kreativer Selbstinszenierung bei Patienten mit Persönlichkeitsstörungen

Schlüsselwörter
Säuglingsforschung, Körperausdruck, kreative Selbstinszenierung, Explorationskontur, Neuorientierung von RIGs

Keywords
Baby-research, body-expression, creative self-scenario, exploration contour, new orientation of RIGs

Zusammenfassung
Auf der Basis eines tiefenpsychologischen Verständnisses von Persönlichkeitsstörungen wird zunächst die rigide Selbstinszenierung dieser Patienten beschrieben. Darauf kann durch gezielte Anregungen zu kreativen Selbstinszenierungen therapeutisch eingewirkt werden. Mit Rückbezügen auf die moderne Säuglingsforschung wird dargestellt, wie in einer Therapie, die Bewegung, spontane Ausdruckshandlung, Phantasie und Sprache einbezieht, die Revitalisierung kindlichen Spiel- und Ausdrucksverhaltens erfolgen kann. Ein aktivierender explorativer Umgang seitens des Therapeuten mit spielerischen und bewegenden Elementen kann Patienten zu Neuorientierungen und möglicherweise zu Umstrukturierungen prozedural verankerter Interaktionserfahrungen verhelfen, wodurch neue affektive Verbindungen zum eigenen Selbst und zu anderen Menschen entstehen. Am Beispiel einer Borderline-Patientin wird dies mit einem Rekurs auf bisher kaum rezipierte Forschungsergebnisse zum Zusammenwirken von Handlung, Phantasie und Sprache reflektiert.

Summary
Based on a deep-psychological point of view of personality disorders the author describes the rigid self-productions of these patients. These follow the same knitting patterns. Rigid self-productions can be changed therapeutically into creative self-productions by means of active stimulation. Relating to modern baby research the author explains how to integrate movement, spontaneous expression, imagination and verbal interaction within therapy and how, in this way, to revitalize playfulness and mutual expression. But this requires the therapists' capacity and readiness to focus on interventions, which include movement, expression, and/or music and dance. Both, an active and a playful therapy can hopefully guide to another focus and to a reconstruction of representations of interactions being generalized, which are anchored in the procedural unknown. New emotional connections can be established, both, in relation to the own self and in relation to the other. In the second part the author describes her practical work with a female Borderline patient with regard to a hardly cited result of research, concerning interrelations between action, imagination and language.

Aspects of creative self-production with patients having personality disorders

Persönlichkeitsstörungen 2003; 1: 32–43

Dem informierten Leser ist einiges über Theorie und Praxis der Therapie von Patienten mit Persönlichkeitsstörungen klar: Wir wissen seit Buchheim et al. (1999), grundlegend seit Kernberg (Kernberg 1978; 1993; Kernberg et al. 2000), Rohde-Dachser (1983), neuerlich seit Reddemann (2001), wie emotional instabile Persönlichkeiten funktionieren, und was wir therapeutisch tun können. Dennoch begegnen Therapeuten immer wieder die gleichen Probleme: Wie hält man emotionale Distanz, ohne den Patienten, der sich selbst in seiner Gespaltenheit inszeniert und den Therapeuten dabei unweigerlich in diese Spaltung einbezieht, zu brüskieren? Wie schafft man es, dem »starken Handlungsdruck«, der einer gebeutelten

---
Dr. phil. Sabine Trautmann-Voigt, Rilkestraße 103, 53225 Bonn

© 2003 Schattauer GmbH, Stuttgart

therapeutischen Gegenübertragung entspringt, zu entkommen – eher schweigend und abstinent, eher vorsichtig deutend, eher aktiv strukturierend oder eher kreativ gewährend? Die Selbstinszenierungen von Menschen mit schweren emotionalen Beeinträchtigungen beziehungsweise mit so genannten Persönlichkeitsstörungen sind rigide und folgen häufig demselben Strickmuster: Es gibt »immer nur ganz gut« oder »ganz böse« und das wechselt auch noch »immer ganz unverhofft« ab. Therapeuten hinken diesem Wechselspiel »immer ganz hoffnungslos« hinterher. In ihren Selbstinszenierungen kennen Patienten mit schweren Persönlichkeitsstörungen weder Humor noch Spielerisches, weder Leichtigkeit, noch Versöhnliches. Im hier gesteckten Rahmen kann ich nur auf wenige Aspekte meiner Arbeitsweise eingehen (vgl. ausführlicher: Trautmann-Voigt u. Voigt 1996; 1997; 1998; 2001; 2002). Grundsätzlich gehe ich davon aus, dass rigide Selbstinszenierungen in kreative Selbstinszenierungen verwandelt werden können. In der Therapie erfolgt eine Revitalisierung kindlichen Spiel- und Ausdrucksverhaltens, was Bewegungen, Darstellungen und/oder Musik und Tanz beinhalten kann. Ein aktiver Umgang mit spielerischen Elementen bietet Therapiemöglichkeiten auch für Patienten mit schweren Persönlichkeitsstörungen. Dadurch können neue emotionale Verbindungen zum eigenen Selbst und zu anderen Menschen geschaffen werden. Diese Annahme möchte ich im Folgenden erläutern.

Persönlichkeitsstörungen aus tiefenpsychologischer Sicht

Emotional instabile Persönlichkeiten zeichnen sich durch Polysymptomatik und Überflutungszustände (durch Wut, Angst oder Hass) aus. Unerträgliche affektive Dysregulationen führen nicht selten zu selbstverletzendem Verhalten oder Substanzmissbrauch. Extreme Liebes- oder Hassgefühle prägen auch die interpersonellen Beziehungsmuster. Konflikte werden eher interpersonell als intrapsychisch erlebt und entsprechend in Beziehungen agiert. Eine allgemeine Ich-Schwäche als strukturelles Merkmal, verschiedenste Einschränkungen der Ich-Funktionen, der Impulskontrolle und eine oft chaotische Lebensbewältigung kommen hinzu. Es gibt kein kohärentes Bild vom eigenen Selbst und von den wichtigen Bezugspersonen. Menschen mit Persönlichkeitsstörungen erleben sich also selbst sowie andere im Verlauf von kürzeren Zeiteinheiten als uneinheitlich, widersprüchlich und unstet. Identitätsdiffusionen sind häufig, das heißt, bei diesen Patienten fehlen integrierte Persönlichkeitskonzepte. Häufig ist die eigene Stimmung entweder von Angst vor Trennung und Objektverlust auf der einen Seite, oder von Angst vor Vereinnahmung durch das Objekt und Selbstverlust auf der anderen Seite gekennzeichnet. Die unreife Abwehrorganisation der Spaltung steht im Vordergrund, begleitet von primitiver Idealisierung Entwertung, Verleugnung und projektiver Identifizierung. Nicht das bloße Vorhandensein dieser Abwehrorganisation ist das Entscheidende bei der emotional instabilen Persönlichkeit, sondern ihr überaus starkes Ausmaß, ihre Radikalität und Dominanz machen ihr klinisches Erscheinungsbild aus. Das Über-Ich ist folglich kaum integriert oder archaisch grausam. Rigide Selbstverurteilungen richten sich häufig gegen die eigene Person oder können nur durch Externalisierung und Projektion abgewehrt werden.

Die Gegenübertragungsreaktionen sind bekanntlich heftig wechselnd, grobe Verzerrungen der Wahrnehmung auf Seiten der Patienten nicht selten. Archaische, wenig differenzierte Selbst- oder Objektimagines werden dabei oft wechselnd auf den Therapeuten übertragen. Die Übertragungsdisposition kann dann stark fluktuieren, von der dämonisierten Position in die idealisierte und umgekehrt. Der Therapeut kann als liebevoll, dann als kalt, als zu feinfühlig, dann als feindselig, zu manipulativ oder sadistisch, dann wieder als zu gutmütig bis »trottelig« gelten usw. Diese Psychodynamik erfordert Konsequenzen für das therapeutische Arbeitsbündnis: Emotional instabile Persönlichkeiten fordern mehr als andere das Gefühl, als »gleichberechtigte Partner« ernst genommen zu werden. Es erscheint sinnvoll (vgl. z. B. zusammenfassend bei Wöller u. Kruse 2001, S. 313) klar strukturierend im Hier und Jetzt zu arbeiten und einen gut formulierten Behandlungsvertrag zu schließen, um sich als Therapeut vor destruktiven Handlungsimpulsen dieser Patienten zu schützen.

In der Praxis der Therapie von Menschen mit Persönlichkeitsstörungen lässt sich beobachten, dass verschiedene Spielräume moderner Tiefenpsychologie hinsichtlich Fokussierung, Beziehungsregulierung und Umgang mit dem Unbewussten kreativ und teilweise neu, weil integrativ, genutzt werden (grundlegend Fürstenau 1992; Wagner u. Becker 1999): Aus der – auch empirisch erhärteten – Annahme, dass flexible Therapieansätze die beste Voraussetzung für positive Behandlungserfolge darstellen (Budman u. Gurmann 1988), ergeben sich von Fall zu Fall neue Entscheidungen, wie neben Worten auch Bilder, Symbole, Bewegung und Tanz, Materialien und Musik zu supportiven, aktivierenden oder edukativen Zwecken eingesetzt werden können.

Ausgewählte Aspekte der Integration – neuere Säuglingsforschung und »moderne Tiefenpsychologie«

Die neuere Säuglingsforschung hat zu einer theoretischen Fundierung solch »kreativer« und prozessorientierter Entscheidungen einiges beigetragen. Besonders Daniel Stern (1983; 1992; 1996; 1997; 1998) hat das spontane subjektive Selbstempfinden des Säuglings von Anfang an zum Ausgangspunkt seiner Überlegungen gemacht und herausgearbeitet, dass es sich bei spontanen Bewegungsabläufen und Ausdruckshandlungen auch in der Therapie um Teile von prozedural gespeicherten Interaktionsmustern handeln kann, die mit einer für den erlebten Moment subjektiv organisierenden Perspektive zusammenhängen und gleichzeitig frühe leibliche Interaktionsrepräsentationen zum Vorschein bringen. Dabei zeigen sich im Ausdrucksverhalten sozusagen Teilaspekte von vielfach überlagerten Interaktionserfahrungen durch die Art und Weise, wie Menschen sich außerverbal (sprich: über Körperbewegungen, aber auch durch die Künste) ausdrücken können. Identifikationen, frühe Introjekte, Projektionen und gegenwärtig Erlebtes werden ständig auf der Ausdrucks- und Handlungsebene mit transportiert und gestalten jede neue Kommunikationssituation mit. Ich greife unter anderem auf folgende **Konzepte** aus der **Säuglingsforschung** zurück, wenn ich mich weiter unten mit »kreativer Selbstinszenierung« von Patienten in der Psychotherapie befasse:

- das Konzept der amodalen Wahrnehmung
- das Konzept der propriozeptiven Wahrnehmung
- das Konzept des episodischen Gedächtnisses und der »representations of interactions being generalized« RIG

Lassen Sie mich diese Konzepte in ihrer Essenz erläutern. Seit der Geburt existiert so etwas wie ein affektiver Kern des Selbst, der alle Erlebens- und Erfahrungswerte berührt. Dieser Kern besteht aus komplexen Wahrnehmungskonturen, den so genannten »Vitalitätskonturen«, nicht direkt aus kategorialen Affekten wie Trauer, Wut, Freude, Scham usw. Die Vitalitätskonturen sind zunächst globale Empfindungen von rhythmisch-dynamischen Erlebniskonturen im Verlauf von Zeiteinheiten. Dass der Säugling solch abstrakt anmutende Sinneseindrücke (visuelle, auditive, haptische, kinästhetische und taktile Wahrnehmungen) zusammenbringen kann, ist auf seine angeborene Fähigkeit zur »amodalen Wahrnehmung« zurückzuführen. Das heißt, ein ständiges Umschalten und Vergleichen zwischen verschiedenen Empfindungen, die als zusammengehörig erlebt werden, ist von Anfang an möglich. So werden von Beginn des Lebens an Handlungs- und/oder Zustandsepisoden in ihrer Kombination aus Licht-, Laut-, Raumwahrnehmung, Berührungsintensität, Bewegungsgestalt, Rhythmus und Takt enkodiert. Stern hat diese **Erlebniswelt** des **Säuglings** eindrucksvoll illustriert im »Tagebuch eines Babys« (Stern 1991): Die Welt des Säuglings entsteht über sich wiederholende und sich einspielende Eindrucks- und Ausdrucksmuster zwischen sich selbst und den ersten und später weiteren Bezugspersonen. Dieses Phänomen geht auch auf das angeborene Konzept der »propriozeptiven Wahrnehmung« zurück und besagt nichts anderes, als dass zu jeder Wahrnehmung eine Eindruckskomponente und auch eine Ausdruckskomponente gehören.

Das so genannte »affect attunement«, also die zwischenmenschlich-affektive Zugewandtheit, besteht nach Stern aus dem Austausch dieser vitalen Eigenschaften von Affekten: aus Intensität, Rhythmus und räumlicher Kontur von Handlungen. Die »Art und Weise«, wie sich Interaktionen als Austausch von Vitalitätskonturen zwischen Menschen abspielen, wird schon vom kleinen Baby im so genannten »schema-of-being-with«, der »Art und Weise des Zusammenseins«, gespeichert. Säuglinge bilden aus den Erlebniskonturen, die als Prozesse im »Episodengedächtnis« abgespeichert werden, Eindrucksmuster in Form von »Narrativen«, bestehend aus Handlungsabläufen mit Kraftkomponenten, zeitlich-rhythmischen Mustern, räumlichen und intensitätsbezogenen Anordnungen usw. Stern spricht von den »representations of interactions being generalized« (RIG), was so viel heißt wie: »verallgemeinerte Beziehungserfahrungen« (Stern 1992). Dieser Begriff beinhaltet sowohl Eindrucks- als auch Ausdruckskomponenten aller Beteiligten. Folgendes ist dabei mit abgespeichert: Sind Mutter (oder Vater) auf den verschiedenen Ebenen der Wahrnehmung als behutsam, zugewandt, leise, laut, langsam, lethargisch, hektisch, abweisend, brüsk usw. empfunden/erlebt worden? Die Bindungsforschung hat einprägsame Beispiele zusammengestellt, die illustrieren, wie solche Ablaufmuster die affektive Gestimmtheit zwischen Mutter/Vater und Kind wechselseitig beeinflussen und sich ein Leben lang fortentwickeln beziehungsweise über Generationen hinweg in Form von Bindungsstilen weitergegeben werden.

Körperausdruck und kreative Selbstinszenierungen – wie entwickeln sich »neue ‚representations of interactions generalized' RIG« in der therapeutischen Beziehung?

Die neue Säuglingsforschung (insbesondere Stern und Lichtenberg) hat uns nicht nur neuere Erkenntnisse über menschliche Wahrnehmung in Feedback-Schleifen gebracht, sondern auch darüber informiert, dass das menschliche Leben von Anfang an in Interaktionen differenziert und selbst organisiert abläuft. Gesunde Entwicklung ist auf soziale Wechselwirkung angewiesen. Das Selbst entwickelt sich als Selbst mit anderen durch Organisieren, Initiieren und Integrieren. Dabei spielen sich zwischen Eltern und Kindern im oben erläuterten Sinne über »affect attunement« Handlungsrhythmen ein, die sich in so genannten »Modellszenen« verdichten können. In meiner Arbeit greife ich auf dieses Konstrukt der »**Modellszene**« im Lichtenberg'schen Sinne zurück und fasse Handlungseinheiten, die sich in der Kommunikation zwischen Therapeut und Patient abspielen, auch als Teile von Modellszenen beziehungsweise als Strukturen von komplexen Übertragungs-Gegenübertragungs-Szenen auf, die vor allem auf der Ebene von Körperausdruck und Körpersprache ablaufen. Ich fasse den Körperausdruck und die Bewegungssprache als eine eigene Sprache auf, die einen direkten Bezug zu den Affekten herstellt (Damasio 1995; Lichtenberg 1998; Trautmann-Voigt u. Voigt 1998, S. 43f; 2002). Der Körperausdruck stellt als Prozess affektmotorischer Handlungseinheiten ein großes Repertoire an Aussagen zur Verfügung. Zwischenmenschliche Wahrnehmung wird dadurch geprägt. Diese Sprache ist die erste, die der Säugling im Kontakt mit der Welt erfährt und erlernt. Diese Sprachfähigkeit bleibt potenziell erhalten, wird aber im Laufe von Entwicklung und Sozialisation in den Hintergrund gedrängt. Für Psychotherapie könnte es hilfreich sein, sich der Ressourcen, die diese Sprache enthält, zu bedienen. Verinnerlichte (vor allem: prozedural gespeicherte) Affektabstimmungen, also Teile alter RIGs, werden nämlich in Haltung, Gestik, Mimik, im Körperausdruck und in spontanen Bewegungs- und Handlungssequenzen sichtbar. Wenn Patienten einen freien Raum zur Bewegung und zum kreativen Selbstausdruck ausdrücklich erhalten, wie dies in kreativtherapeutischen Verfahren gängige Praxis ist, so kann man auch über musikalischen, tänzerischen und künstlerischen Ausdruck auf diese RIGs einwirken.

Zum Zweck der besseren »Lektüre« des Ausdrucks und der Körpersprache haben wir andernorts in unserer Stern- und Lichtenberg-Rezeption auf die Möglichkeiten der tanztherapeutischen Bewegungsanalyse hingewiesen, die wir zu Diagnostik und Intervention unter anderem anwenden (Trautmann-Voigt 1992; 1993; 1995; Voigt 1997, S. 199–142). Im hier vorliegenden Beitrag werde ich einen weiteren Aspekt in den Mittelpunkt meiner Betrachtungen stellen: die **ausdrucksintegrierende tiefenpsychologische Psychotherapie** (Siegel 1986; Siegel et al. 1999; Voigt 1991; 1996a; 1996b) am Beispiel der kreativen Selbstinszenierung. Hierbei geht es in erster Linie um eine veränderte therapeutische Aufmerksamkeit auf Ausdruckshandlungen in Ausdrucksprozessen, was, wie oben erläutert, die Säuglingsforschung wieder neu in den Blick gerückt hat: Die prozedurale Ebene, darüber hinaus die symbolische Ebene und die verbale Ebene (also: Handeln, Phantasieren und Sprechen) gehören untrennbar zusammen und stehen abwechselnd und manchmal auch gleichzeitig im Vordergrund der therapeutischen Aufmerksamkeit (Trautmann-Voigt u. Eberhard 1990). Dabei werden Bewegungs- und/oder Handlungsszenen, die Patienten spontan »entwerfen«, als jeweils bestimmende Modi des Ausdrucks und gleichzeitig der Konfliktbewältigung kreativ genutzt. Unter »kreativer Selbstinszenierung« verstehe ich neue Suchbewegungen von Patienten für die Darstellung und Kommunikation ihrer sie belastenden Gefühle. Diese Inszenierungen spielen sich manchmal mehr handelnd, manchmal mehr symbolisch oder in Phantasien oder über Identifikationen, manchmal kognitiv-einordnend und verbal ab. Es kommt eben darauf an, die Ebene des Ausdrucks, die der Patient gerade wählt, mit ihm gemeinsam zu betreten und neue beziehungsweise erweiterte Ausdruckslösungen zu explorieren sowie neues Verstehen anzuregen (Trautmann-Voigt 1992; 1993; 1995; Trautmann-Voigt u. Eberhard 1990).

Menschliche **Kommunikation** ist ständig geprägt von Verdichtungen und Überlagerungen alter und neuerer Episoden. Bedeutungen von seit frühester Kindheit erlebtem »gestörtem« kommunikativen Verhalten lassen sich höchstwahrscheinlich besser aus dem Fluss von Bewegungsbeziehungsweise Ausdruckshandlungen erschließen, als allein durch assoziierende oder deutende Worte. Das Kind hat nämlich bekanntlich vor dem 15.–18. Monat noch kein verbales Selbst ausgebildet, aber von Anfang an amodale Kodierungen des erlebten Ausdrucksverhaltens vorgenommen und es hört damit auch nicht nach dem Spracherwerb auf! Interessant finde ich Sterns Auffassung, dass dem Kind durch den Spracherwerb etwas verloren geht, nämlich die Spontaneität und Flexibilität der amodalen Perzeption. Diese Flexibilität versuche ich in meiner Arbeit durch den Einbezug kreativen Ausdrucks (v.a. durch Tanzen, Bewegen und den Einsatz von Medien und Materialien) neu anzuregen. Nach meinem Verständnis von Tiefenpsychologie (vice versa von tiefenpsychologischer Tanz- und Ausdruckstherapie) geht es dabei auch um neue Anregungen alter Kommunikations- und Beziehungsmuster (»der RIGs« nach Stern) und in der Folge dann um Umstrukturierungen von Erlebensprozessen. Dieses Konzept hat vielleicht gewisse Ähnlichkeiten mit »kognitiver Umstrukturierung«, wie sie die neuere Verhaltenstherapie kennt. Es setzt jedenfalls immer mehrmodal an. Außerdem reflektiert es auf den verschiedenen Ebenen von Handlung, Phantasie und Sprache die Bedeutung der therapeutischen Beziehung. An dieser Stelle werde ich – zusätzlich zur inzwischen gängigen Stern-Rezeption – auf eine bisher kaum rezipierte Theorie der Ich-Entwicklung als Zusammenspiel von Handlung, Phantasie und Sprache hinweisen. Sie zeigt vier verschiedene Möglichkeiten der Verarbeitung und des Ausdrucks, die Kinder (und Erwachsene eben auch) zur Bewältigung von Konflikten benutzen.

Das Zusammenspiel von Handlung, Phantasie und Sprache

In seinem noch weitgehend Ich-psychologisch konzipierten Ansatz formuliert Santostefano (1977; 1978) ein Modell der Ich-Entwicklung, in dem sich Handlung, Phantasie und Sprache als Ausdrucksmodi für unterschiedliche Impulse und Konflikte ablösen und überlagern können. Er verfeinerte allerdings bereits Ende der 70er-Jahre das traditionelle Ich-psychologische Modell und machte die Verzahnung zwischen Trieb, Affekt und Sprachentwicklung sowie einen Zusammenhang zwischen motorischen und nichtmotorischen Ausdrucksformen deutlich. Die Wechselwirkung zwischen Mutter und Kind wird zwar noch besonders als ein Faktor der kindlich-kognitiven Entwicklung betrachtet und es fehlt noch die Erkenntnis, dass kognitive, motorische und Affektentwicklungen immer dialogisch aufzufassen sind, aber dies wurde ja bekanntlich erst später durch die Stern-Rezeption (Stern 1992; 1996; 1997; 1998) in die Fachdiskussion integriert. Das im Folgenden referierte Phasenmodell ist allerdings aus meiner Sicht für die Arbeit mit Patienten, die narzisstische oder Borderline-Störungen aufweisen, von Interesse, weil der Rekurs darauf aus der oben beschriebenen Schwierigkeit, in eine therapeutische Beziehung einzutreten, die einen »hilflos hinterherhinken« lässt, heraushilft.

Santostefano konnte experimentell nachweisen, dass sich die kognitive Entwicklung des Kindes in einer zeitlichen Abfolge der drei Modi Handlung, Phantasie und Sprache abspielt. Innerhalb jedes Ausdrucksmodus verläuft dabei die Entwicklung von starkem motorischem Einsatz zu weniger Motorik, von zeitlicher Unmittelbarkeit zum Aufschub von Handlungen und/oder Bedürfnisbefriedigungen und von der Nähe (im direkten Körperkontakt) zur Distanz (z. B. durch Nutzung von mehr Verbalität). Zudem konnte gezeigt werden, dass die Tendenz des Ich, einen der drei Modi des Ausdrucks (sprechen, handeln oder phantasieren) zu bevorzugen, situativ nachhaltig beeinflussbar ist. Es könnte für Therapeuten hilfreich sein, sich immer im Bewusstsein zu halten, welchen Bewältigungs- und Ausdrucksmodus der Patient gerade benutzt um daran entwicklungsfördernd anknüpfen zu können. Die Entwicklungsrichtung bei Kindern läuft von unmittelbarer Nähe zur Distanz und von zeitlicher Unmittelbarkeit zum Aufschub und damit von direkten zu indirekten Handlungs- beziehungsweise Ausdrucksmitteln. In eindrucksvollen Langzeituntersuchungen konnte Santostefano feststellen, dass die Modi Handlung, Phantasie und Sprache sich in folgende **Phasen** einteilen lassen:

- Makro-Aktivität: Der Handlungsmodus dominiert, das Kind bewegt sich und seinen gesamten Körper durch den Raum, Phantasietätigkeit und Sprechen sind von sekundärer Bedeutung.
- Mikro-Aktivität: Das Kind bleibt am Ort oder tut etwas in seinem Umkreis. Oft sind solche Handlungen von einer ausgearbeiteten Phantasie begleitet.
- Makro-Phantasie: Es gibt eine ausgearbeitete Phantasie, die von wenig oder gar keiner Handlung begleitet wird. Diese Phantasie wird zwar verbal mitgeteilt, doch spielt die Sprache eine untergeordnete Rolle.
- Makro-Sprache: Der Sprach-Modus herrscht vor. Wörter über gegenwärtige oder vergangene Gegenstände oder Ereignisse in der Realität können geäußert werden. Phantasie und Handlungstätigkeit sind eher begleitend.

Tabelle 1 (nach Santostefano 1977) enthält ein Beispiel (eines Kindes im Kindergartenalter) für die Abfuhr eines aggressiven Impulses in verschiedenen Modi und Formen: Um seinen aggressiven Impuls gegen ein kleines Geschwister auszudrücken, könn-

Tab. 1 Beispiel (eines Kindes im Kindergartenalter) für die Abfuhr eines aggressiven Impulses in verschiedenen Modi und Formen (nach Santostefano 1977)

	Handlung	Fantasie	Sprache
Mittel und Ziel räumlich und zeitlich unmittelbar	… ihn schlagen		
Ziel unmittelbar, Mittel indirekt	… ihn mit Babypuder bestreuen		
Ziel mittelbar, Mittel direkt	… die Puppe des Geschwisters schlagen		
Ziel mittelbar, Mittel indirekt	… die Puppe des Geschwisters mit Puder bestreuen	… fantasieren, dass er das Geschwister schlägt	… schreien: „Ich schlag dich!"

te ein etwa fünfjähriges Kind zum Beispiel Dinge, wie in Tabelle 1 aufgeführt, tun. Diese vier Phasen laufen in Ausdrucksprozessen beziehungsweise in Handlungen im dafür offenen Therapiespielraum meiner Erfahrung nach in verblüffend ähnlicher Weise ab, wie dies für die kindliche Entwicklung von Santostefano beschrieben wurde. Allerdings bleiben eine Reihe von Patienten in der einen oder anderen Phase stecken! Dies möglichst differenziert zu erkennen und dann kreativ erweitern zu helfen, ist mir ein besonderes therapeutisches Anliegen.

In der Beobachtung spielender Kinder liegt in der Tat viel Lern- und Lehrmaterial für Therapie begründet. Die Elaboration dieses Gedankens für therapeutische Settings geht in unübertroffener Weise auf den englischen Kinderarzt D.W. Winnicott zurück (1951; 1958; 1974; 1976). In seiner Nachfolge haben analytisch fundierte Schulrichtungen, besonders aber Vertreter aus Kunst-, Musik-, und Tanztherapie seine Ideen über die Nutzung schöpferischer Kräfte und kreativer (Spiel-)Handlungen für ihre Konzepte adaptiert. Interessant ist, dass im **kindlichen Spiel** so gut wie immer eine Verbindung von Handlung, Phantasie und Sprache zu finden ist. Kinder malen, basteln, singen, klatschen, stampfen und führen in vielen Situationen kleine Tänze auf, um sich gegenseitig »Bedeutungsvolles« zu mitzuteilen. So ist kindlicher emotionaler Ausdruck von innerem Erleben meistens »ganzheitlich« und auf verschiedenen Ebenen gleichzeitig spürbar, sichtbar, hörbar usw. Menschen mit Traumatisierungen, Borderline- und narzisstische Patienten weisen nun weder sichere Bindungen auf, noch haben sie spontanes kreatives Bewältigen im Spiel »gelernt«. Sie inszenieren sich vielmehr selbst in der rigiden, verletzten, hassenden Art und Weise, die sie amodal »verinnerlicht« haben. Sie präsentieren häufig erstarrte RIGs, sie zeigen ihre meist aversiv, nicht explorativ aktivierten Motivationssysteme, sie befinden sich meistens in einem erstarrten Körperzustand, der dem Schreizustand des kleinen Kindes entspricht, dass nicht getröstet wurde (ausf. Lichtenberg 1998, auf Tanztherapie bezogen: Voigt u. Trautmann-Voigt 1998). Diese Menschen zu trösten ist schwer, vielleicht manchmal unmöglich. Sie in ihrer »Aktivierung« und in der Folge davon in ihren Selbstinszenierungen anders anzuregen, ist hingegen durchaus möglich.

Ich möchte Ihnen dafür ein Beispiel geben und dabei verdeutlichen: Rigide Selbstinszenierungen von Patienten mit Persönlichkeitsstörungen können in kreative Selbstinszenierungen umgewandelt werden. Dadurch kann zunächst der Bezug zu sich selbst und sodann die Art der Kommunikation zum Therapeuten verändert werden.

Die kreative Selbstinszenierung einer Borderline-Patientin

Eine 52-jährige Patientin, die lange Jahre hindurch als Kind missbraucht worden war, und sich auch öffentlich als »Missbrauchsopfer« titulierte, kam zu mir, weil sie eine »Kreativtherapie« machen wollte. Sie hatte kreative Verfahren während zweier Klinikaufenthalte zur Traumabehandlung kennen gelernt. Ich hatte die Chance, mit ihrer »Haupttherapeutin« regelmäßig zu kommunizieren und Teilziele abzustimmen. Wir trafen uns im Rhythmus von etwa drei bis vier Wochen jeweils für eine Stunde.

Sie liebte die griechische Mythologie, besonders die Göttin Athene. Sie war fasziniert von der »reinen griechischen Kultur«. Nur in Griechenland könne sie die Natur genießen, könne lachen und weinen, könne eine gewisse Schönheit im Leben erkennen. Im Berufsleben hier habe sie sich von jeher als Opfer gesehen. Sie konnte sich nicht erinnern, jemals mit irgendwem oder irgendetwas gespielt zu haben. Erst als sie in der Oberstufe des Gymnasiums durch ihren Deutschlehrer auf die Orestie aufmerksam geworden sei, habe sie erahnt, was Spielen sein könnte: »Das Drama des Lebens steckt in den griechischen Theaterstücken. So spielt das Leben.«
In einer Stunde, als es wieder einmal um schlimmste Selbstbezichtigungen hinsichtlich ihres »scheußlichen Körpers« ging, stürmte die Patientin unvermittelt zu dem Vorhang, der eine große Spiegelwand in meinem Therapieraum verdeckte und zog ihn mit einem Ruck zurück. Sie betrachtete sich hasserfüllt in ganzer Lebensgröße, die Arme in die Hüften gestemmt und schrie ihr Spiegelbild an: »Widerlich, einfach nur widerlich!« Um vielleicht eine andere Ausdrucksvariante im therapeutischen »Spielraum« anzuregen, öffnete ich wortlos den Schrank im Therapieraum und legte der Patientin zwölf zwei mal zwei

Quadratmeter große mehrfarbige Seidentücher vor die Füße und wartete ab. Ich trat außerdem etwas zurück, weil ich das Gefühl hatte, ihre »Bühne«, die sich in meiner Wahrnehmung imaginär aufgetan hatte, nicht betreten zu dürfen. Die Patientin wirkte zunächst erstaunt, wählte dann aber wortlos, immer noch schwer atmend von ihrem verbalen Ausbruch, sieben der zwölf angebotenen Tücher aus. Die anderen kickte sie achtlos mit dem Fuß in eine Ecke. Dann begann sie sich ganz langsam mit dem Stoff einzuhüllen, es sah zunächst aus wie eine Mumifizierung ihrer selbst. Sie schaute dabei immer wieder prüfend in den Spiegel, drapierte die Tücher eng um sich herum, verknotete sie, löste die Knoten wieder, umwickelte sich neu. »Ich will mich verhüllen, nicht mehr sehen«, kommentierte sie ihre Aktion. Ein paar Augenblicke später: »Aber ich will die Beine frei haben zum Weglaufen ... Und ich will den Kopf frei haben ... zum Zubeißen«, dann schreiend: »zum Schwanz abbeißen, dann ist alles vorbei ...!!!« Sie schrie den letzten Satz spontan in eine Ecke des Raumes hinein, wandte sich dazu abrupt um: Sie brüllte nicht mehr ihr eigenes Spiegelbild hasserfüllt an! Nach diesem Ausbruch wickelte sie sich noch einmal aus. Dann schnürte sie drei Tücher eng um sich herum. Sie band sie kunstfertig fast wie eine Toga und kommentierte ihre Aktion auch so: »Jetzt sehe ich tatsächlich wie Athene auf einer klassischen Abbildung aus!« Einen Moment später: »Ich will meinen Körper schützen. Ich brauche das, weil ich so hasse.«

In meiner Gegenübertragung mischten sich Mitleid, Trauer und Bewunderung für diese Frau: Die Patientin konnte ihren Selbsthass im Schutz der Tücher plötzlich und erstmals in meiner Gegenwart deutlich in Worten artikulieren. Wenn sie sich in ihrem Körper schutzlos spürte, dann zerbarst sie fast vor Hass, den sie hilflos gegen sich selbst kehren musste. Die mediale Vermummung schien ihr nun Geborgenheit und neue Worte zu verleihen. Sie erzählte beim Weiterdrappieren, dass sie, solange sie zurückdenken könne, kleine Kinder und schwangere Frauen fürchterlich gehasst hätte. Sie hatte Angst ihnen auf offener Straße etwas anzutun, konnte darüber aber mit niemandem sprechen. Auch Muttertiere zu sehen, treibe sie zu archaischem Hass, sie fühle sich »wie die Erinnyen, die blutrünstig alles verfolgen und töten müssen, was lebt«. Als sie mir das anvertraut hatte, ohne mich ein einziges Mal anzusehen, permanent mit den Tüchern emsig beschäftigt, veränderte sich ihr wilder Aktionismus und ihre Bewegungen und Handgriffe an sich selbst nahmen eine leichtere, fast zart anmutende Qualität an: Die Patientin fing an spielerischer mit dem Material umzugehen, sie holte die restlichen Tücher aus der Ecke, ließ sie wie Schleier durch ihre Finger gleiten. Über der »Toga« entstand noch etwas anderes, so etwas wie ein wallendes, weites Kostüm. Ich wurde unvermittelt mit Blicken und Gesten eingeladen, ihr näher zu kommen und einen Knoten am Hals zu binden. Danach schaute sie sich, in den Hüften wiegend, in ihrer Verkleidung vor dem Spiegel an und lachte: »Da schaut mich aber auch eine stolze, ruhige Alte an. Der Göttin sei dank, dass die keine Kinder mehr kriegen kann!« Sie machte rhythmische Bewegungen und sah sich lächelnd im Spiegel dabei zu. Etwas später: »Die griechische Kultur ist gut. Da gibt es kräftige Jungfrauen und stolze Herrscherinnen.« Sie trat mehrmals von ihrem Spiegelbild zurück und ging dann wie prüfend auf und ab: Nun konnte sie sich anders betrachten. Sie nahm sich in diesem Spiel, in einer neuen Verkleidung, auch als stolze, unabhängige Frau war. Im Nachgespräch fühlte sie sich zunächst an Athene, die Göttin, die aus dem Kopf des Zeus in voller Bewaffnung mit einem Schrei geboren wurde, erinnert. Die Patientin erlebte sich als »Prinzip weiblicher Weisheit«. Athene war ja, wie sie mir ausführlich berichtete, häufig auf Schlachtfeldern zu finden und – Athene entschied immer zu Gunsten des Angeklagten, sie galt als das Zünglein an der Waage der olympischen Götter. Außerdem hatte sie sich an die Kassandra erinnert gefühlt, die in einer Theaterinszenierung, die die Patientin gesehen hatte, wie tot, in ein Tuch gewickelt, über die Bühne getragen wurde. Kassandra war verstummt angesichts des Schicksals ... So habe sie sich zu Anfang »des Spiels hier« gefühlt, als sie die Tücher um sich geschnürt habe. »So habe ich mich eigentlich Zeit meines Lebens gefühlt«, gestand sie später weinend ein. Dann wieder hatte sie sich kurzzeitig als Orpheus in der Unterwelt gesehen, der sich zu früh umdrehte, und das Bild der Geliebten entschwand ihm für immer. So wie er habe sie immer versucht der »Unterwelt« zu entfliehen, nie sei es ihr wirklich gelungen.

Folgende Phasen lassen sich im Verlauf dieser Stunde mühelos eruieren:

- Makro-Aktivität: Bei der Patientin lief diese Phase anfangs spontan ab, als sie abrupt und unvermittelt zum Spiegel lief und sich selbst anbrüllte. Bewegung und Ausdruck wirkten hart, brüsk, abrupt, ohne Kontakt zu sich selbst und zu mir. Andernorts wurde dies als »High-Tension-State« beschrieben (Voigt u. Trautmann-Voigt 1998, S. 98).

- Mikro-Aktivität: Bei der Patientin fand diese Phase statt, als sie auf der Suche nach der »richtigen« Verkleidung mit den Tüchern beschäftigt war. Sie erzählte hinterher von ihren begleitenden Fantasien über Kassandra, Athene und Orpheus. Bewegung und Ausdruck wirkten eher tastend, experimentierend, eine »neue Explorationskontur in der Zeit« wurde sichtbar.
- Makro-Phantasie: In dieser Phase war die Patientin »Athene«, die sich als eine stolze (alternde) Frau selbst erkannte und gleichzeitig ihre Identifikation mit dem Aggressor im Spiel vor dem Spiegel aufgeben konnte. Bewegung und Ausdruck wirkten rhythmisch gleichmäßiger, wiegend, der Kontakt zu sich selbst und zu mir war auf einer anderen Identifikationsebene hergestellt. Das Spiegelbild wurde »umgedeutet«. Sie symbolisierte, sie betrat die Welt der Phantasie und der Assoziationen.
- Makro-Sprache: Diese letzte Phase spielte sich im ausführlichen Nachgespräch und in der Aufarbeitung der Spielhandlung mit mir zusammen in verbalen Dialogen in dieser und den folgenden Sitzungen ab. Die Patientin wirkte affektiv betroffen: Sie weinte, sie stellte erstaunt Verbindungen her, sie sprach und schaute mich dabei an. Sie hatte einen »sicheren Ort« über die Identifikation mit den antiken Figuren aufgesucht und konnte ihn nun mit mir gemeinsam betreten.

Die Entwicklung aller vier Phasen abzuwarten, sie im Entstehungsstadium gegebenenfalls leicht anzuregen (in diesem Fall die Tücher als Symbolisierungshilfen beziehungsweise als selbst auszugestaltende Utensilien wortlos anzubieten) und dann einen »Spielprozess« zuzulassen und wie ein Zeuge zu begleiten, entspricht einem nicht fixierten, sich wandelnden Übertragungsangebot. Dieses **Übertragungsangebot** gleicht der ruhigen Aufmerksamkeit der Mutter, die ihr Kind experimentieren und erfinden lässt, wenn nötig aber aktiv und fördernd in die Spielhandlung eingreift. Diese so genannte »ruhige Wachheit« ist die Phase, in der das Kind lernt, sich selbst zu explorieren, Spannungszustände voneinander zu unterscheiden, Körperteile sich selbst oder Dinge einander zuzuordnen usw. (Lichtenberg 1998; auf Tanztherapie bezogen: Voigt u. Trautmann-Voigt 1998). Dieses Übertragungsangebot ist zunächst nicht direkt, sondern in ähnlicher Weise, wie es Ralf Vogt (2002) beschreibt, indirekt und teilweise medial vermittelt. Mit zunehmendem Durchlaufen der Phasen spielt das Übertragungsobjekt, der Therapeut, eine andere Rolle. Er ist erst Zuschauer, dann Helfer oder Mitspieler innerhalb der Handlung, schließlich Partner im auswertenden Gespräch. Mit dieser Methodik kann die Schärfe der Übertragungsbereitschaft und die direkte Konfrontation mit den verleugneten Selbstanteilen in der Gegenübertragung stark abgemildert werden: Es entsteht eine gewisse emotionale Distanz und eine gewisse beobachtende Ruhe.

Explorieren, Experimentieren, Kommunizieren – spielerischer Ernst kreativer Selbstinszenierung: ein Kommentar

Diese Patientin hatte sich schon lange über das Ansehen und die Lektüre antiker Theaterstücke mit den Epochen überdauernden Schicksalen der Menschheitsgeschichte identifiziert. Die oben beschriebene Stunde markierte den Anfang weiterer kreativer Selbstinszenierungen, in denen die Patientin sich der griechischen »Kultfiguren« bemächtigte. Sie hatte sich zunächst handelnd als archaisches Figurenkonglomerat (Athene, Kassandra, Orpheus) inszeniert und in einem »Als-ob-Geschehen« Suchbewegungen vollzogen, vielleicht um sich ihrer Lebensangst zu stellen: Ihre Angst bestand aus lähmender Ohnmacht gegenüber einem zerstörerischen Selbsthass, der sich in mörderischer Wut Bahn brechen wollte und kaum zu zügeln war. Dem Introjekt des Vergewaltigers konnte im spontanen »Spiel im Spiegel« eine neue Richtung gegeben werden (nämlich weg von sich selbst). Der quasi narzisstische Vorgang einer Selbstbespiegelung als »kreative Selbstinszenierung« auf der fantasierten Bühne eines griechischen Theaters hatte unerwartet bewirkt, dass die Patientin verbal artikulieren konnte, was ihr bisher nur rudimentär in Form von zwanghaft quälenden Selbstanklagen möglich gewesen war: Sie konnte spontan ihren Hass auf den Vergewaltiger (in eine Ecke gerichtet) herausschreien und von ihrem Selbsthass (Anbrüllen ihres eigenen Spiegelbildes) ablassen. Sie erlebte in Betrachtung ihres als »Athene« verkleideten Spiegelbildes eine spürbare Erleichterung darüber, dass sie nicht mehr der Gefahr unterlag, eigene (oder fremde) Kinder zu ermorden, wie sie wohl in unbewusster Identifikation mit dem Vergewaltiger ein Leben lang befürchtet hatte. Drei **Aspekte** möchte ich betonen:

- Die Kommunikationsmodi, auf denen »Fixierungen« im Sinne von Erwartungsstereotypien entstanden sind, können durch Experimentalaufgaben (haptisch, auditiv, taktil, kinästhetisch oder rhythmisch-dynamisch) anders als gewohnt angeregt werden. Die Unterfütterungen emotionaler Bedeutungsinhalte, die nicht immer symbolisch, sondern (wie Stern formuliert) auch prozedural verankert sind, müssen zwangsläufig ebenso über prozedurale und/oder symbolisch vermittelte Erlebniskonturen erschlossen und umorganisiert werden (ausführlich in: Voigt u. Trautmann-Voigt 2001; 2001a).
- Ich spreche in meiner interventiven Praxis von einer »neuen Explorationskontur«, die in einem zunächst thematisch fokussierten Spielraum entworfen wird, was Chancen zur spontanen Umorganisation bekannten affektiven Erlebens bietet. Offenheit zu mehrmodalem Erleben sollte meines Erachtens therapeutisch angeregt werden, um stereotyp und ohne Aufmerksamkeit ablaufende Handlungs- und Interaktionsschemata zu unterbrechen (im Beispiel Jahre lange selbstquälerische Selbstbezichtigungen).
- Insofern stelle ich entweder medial vermittelte oder die auditive beziehungsweise haptische beziehungsweise kinästhetische Wahrnehmung anregende Experimentalaufgaben (im Beispiel: eine offene Anregung zu einer »kreativen Selbstinszenierung« mit taktilen und visuellen Fantsieanreizen in Form von bunten Seidentüchern). Durch Experimentalaufgaben können nämlich, wie uns die neuere Hirnforschung informiert hat, Aufmerksamkeitsstereotypen unterbrochen werden.

In Psychotherapien, die Spielräume für kreative Selbstinszenierungen eröffnen, können ständig analog zu ursprünglichen Formen und Phasen der Konfliktbewältigung ablaufende Prozesse wahrgenommen werden. Dabei ist die oben beschriebene Entwicklung von der zeitlichen Unmittelbarkeit in spontanen Handlungen zu mittelbareren Ausdrucksformen oft zu beobachten. Allerdings stimme ich für klinische Settings mit erwachsenen Patienten und Patientinnen nicht mit der Auffassung Santostefanos überein, dass emotionale Abfuhr- oder Regulationsprozesse von der Motorisierung zur Demotorisierung ablaufen, ganz im Gegenteil: Oft genug können intensivere und genauere körpersprachliche Ausdrucksmöglichkeiten in der Therapie freigelegt beziehungsweise neu erworben werden (vgl. auch Leygraf 2002). Bei meiner Patientin kann man allerdings deutlich die Entwicklung von der unmittelbaren räumlichen und zeitlichen Impulshandlung (»widerlich, einfach nur widerlich«), die abgelöst wird von unmittelbaren Aktionen der Selbstverhüllung, bis hin zur verbalen Externalisierung (»Ich will den Kopf frei haben zum Zubeißen ... dann ist alles vorbei«) verfolgen. Daran knüpfte sich etwas Neues, etwas Leichteres im Umgang mit dem Material und mit dem eigenen Bild von sich im Spiegel – vielleicht auch Neugierde auf sich selbst?

Resümee

Funktionslust und Neugier sind beim gesunden Säugling von Anfang an mit positiven körperlichen Affektreaktionen verknüpft. Handeln, Fantasieren und Sprachgebung sind dann beim älteren Kind unmittelbar im Spiel aufeinander bezogen. Dieser fast durchgängig verloren gegangene Zusammenhang zwischen Handlung, Fantasie und Sprachgebung bei Patienten mit schweren Persönlichkeitsstörungen kann meiner Erfahrung nach durch die Anregung von Spielprozessen in kreativen Selbstinszenierungen, die Analogien zum kindlichen Spiel aufweisen, wieder gefunden werden. Für therapeutische Settings ist festzuhalten: In einer gültigen »Spielhandlung« beziehungsweise in einer kreativen Selbstinszenierung erfolgt auch eine Externalisierung eines oder mehrerer Affekte, die innerlich als bedrohlich erlebt werden. Dadurch erfolgt bereits eine erste Bewältigung der Situation. Im zweiten Schritt geht es dann gegebenenfalls um verbale Integration, um Reflexion und/oder um Deutungen der jeweiligen Handlung. So gesehen können verbale Interventionen durch den Therasdpeuten wichtig werden, ebenso wichtig wie das spontane kreative Experiment des Patienten mit (künstlerischem) Ausdruck in »Spielhandlungen«. Nicht immer brauchen wir in der **Therapie** mit persönlichkeitsgestörten Patienten rekonstruierte Bedeutungen, sondern wir brauchen häufig für diese Patienten ein »In-der-Aktion-Bleiben« oder ein »In-die-Aktion-Finden«. Denn in den Fantasie-Handlungs-Sprach-Einheiten selbst vollziehen sich Prozesse, die Neues, gegenwärtig Erlebtes, vor allem aber: andere Beziehungsangebote, enthalten. Interessant ist dann natürlich: Wie vollziehen sich weitere (neue) Affektregulationen mit den jetzigen Interaktionspartnern beziehungsweise in der aktuellen Beziehung mit dem Therapeuten?

Ich halte es für sehr wahrscheinlich, dass gerade mit Hilfe medial vermittelter kreativer Selbstinszenierungen bei Patienten mit Persönlichkeitsstörungen affektive Veränderungen bewirkt werden können. Immer wieder verblüffend ist, dass durch Stunden wie die oben beschriebene gewissermaßen »Zeit gespart« wird. Vieles braucht nicht mehr mit Worten benannt zu werden. Es ist mir als Therapeutin und der Patientin klar, was die »Verkleidungsstunde« bedeutete. Dieses unkomplizierte »Verstehen« halte ich ebenfalls für den Therapieprozess gerade mit dieser Klientel für äußerst hilfreich, weil sich viele ähnliche Erlebnisse in der weiteren therapeutischen Arbeit immer wieder auf solche Schlüsselszenen, die sowohl beim Therapeuten als auch beim Patienten auf mehreren Ebenen im Gedächtnis verwurzelt bleiben, zurückführen lassen. Dadurch entstehen Kontinuitätserlebnisse oder auch, in Anlehnung an Stern (1992), »Inseln der Konsistenz«. Neue Narrative bilden sich automatisch. Hierdurch passiert so etwas wie »Erlebnisverdichtung« und Komplexitätsreduktion. Komplexitätsreduktion ist bekanntlich hilfreich beim Versuch, Bedeutungsvolles von weniger Bedeutungsvollem zu unterscheiden. Diese Unterscheidung zu erreichen, ist wiederum eines der therapeutischen Anliegen in der Arbeit mit Menschen, die unter Persönlichkeitsstörungen leiden.

Literatur

Buchheim P, Dammann G, Martius P, Clarkin JF, Kernberg, OF (1999). Psychodynamische Therapie der Borderline-Persönlichkeit: ein Manual. Persönlichkeitsstörungen; 3: 66 -78.
Budman SH, Gurmann AS (1988). Theory and Practice of Brief Therapy. New York: Guilford Press.
Damasio AR (1995). Descartes Irrtum. Fühlen, Denken und das menschliche Gehirn. München: List.
Fürstenau P (1992). Entwicklungsförderung durch Therapie. Grundlagen psychoanalytisch-systemischer Psychotherapie. München: Pfeiffer.
Kernberg OF (1978). Borderline-Störungen und pathologischer Narzissmus. Frankfurt: Suhrkamp.
Kernberg OF (1993). Psychodynamische Therapie bei Borderline-Patienten. Bern, Göttingen, Toronto, Seattle: Huber.
Kernberg OF, Dulz B, Sachsse U (Hrsg) (2000). Handbuch der Borderline-Persönlichkeitsstörungen. Stuttgart, New York: Schattauer.
Leygraf D (2002). Kontakt – Spiel der Gesten und Körpersignale. In: Verspieltheit als Entwicklungschance. Trautmann-Voigt S, Voigt B (Hrsg). Gießen: Psychosozial Verlag.
Lichtenberg JD (1998). Modellszenen und Motivationssysteme – mit besonderer Berücksichtigung körperlicher Erfahrungen. In: Bewegung ins Unbewusste. Beiträge zur Säuglingsforschung und analytischen KörperPsychotherapie. Trautmann-Voigt S, Voigt B (Hrsg). Frankfurt: Brandes u. Apsel; 110-28.
Reddemann L (2001). Imagination als heilsame Kraft. Zur Behandlung von Traumafolgen mit ressourcenorientierten Verfahren. Stuttgart: Pfeiffer bei Klett-Cotta.
Rohde-Dachser C (1983). Das Borderline-Syndrom. Bern, Stuttgart, Wien: Huber.
Santostefano S (1977). Action, fantasy and language: developmental levels of ego organization in communicating drives and affects. In: Communicative Structures and Psychic Structures. A Psychoanalytic Interpretation of Communication. Freedman N, Stanley G (eds). New York, London: Plenum; 331-54.
Santostefano S (1978). A Biodevelopmental Approach to Clinical Child Psychology. New York: Wiley.
Siegel EV (1986; 1997). Tanztherapie. Seelische und körperliche Entwicklung im Spiegel der Bewegung. Ein psychoanalytisches Konzept. Stuttgart: Klett-Cotta (Orig.: Siegel EV [1984]. Dance-Movement Therapy: Mirror of Our Selves: The Psychoanalytic Approach. New York: Human Sciences.).
Siegel EV, Trautmann-Voigt S, Voigt B (1999). Analytische Bewegungs- und Tanztherapie. München: Reinhardt.
Stern DN (1983). The early development of schema of self, other and «self with other«. In: Reflections on Self Psychology. Lichtenberg J, Kaplan S (eds). Hillsdale NY: Analytic Press.
Stern DN (1991). Tagebuch eines Babys. Was ein Kind sieht, spürt und denkt. München: Piper.

Stern DN (1992). Die Lebenserfahrung des Säuglings. Stuttgart: Klett-Cotta (Orig.: Stern [1985]. The Interpersonal World of the Infant. New York: Basic.).

Stern DN (1996). Selbstempfindung und Rekonstruktion. In: Bewegte Augenblicke im Leben des Säuglings – und welche therapeutischen Konsequenzen? Trautmann-Voigt S, Voigt B (Hrsg). Frankfurt: Brandes u. Apsel; 17-32.

Stern DN (1997). Aspekte der Mutterschaftskonstellation. In: Freud lernt laufen. Herausforderungen analytischer Tanz- und Bewegungstherapie für Psychoanalyse und Psychotherapie. Trautmann-Voigt S, Voigt B (Hrsg.). Brandes u. Apsel; 73-86.

Stern DN (1998). »Now moments«, implizites Wissen und Vitalitätskonturen als neue Basis für psychotherapeutische Modellbildungen. In: Bewegung ins Unbewußte. Beiträge zur Säuglingsforschung und analytischen KörperPsychotherapie. Trautmann-Voigt S, Voigt B (Hrsg). Frankfurt: Brandes u. Apsel; 82-96.

Trautmann-Voigt S (1992). Tiefenpsychologische Tanztherapie – eine künstlerische Ausdruckstherapie. In: Jahrbuch Tanzforschung. Bd 3. Wiesbaden: Florian Noetzel; 44-66.

Trautmann-Voigt S (1993). Indikationsbereiche tiefenpsychologisch fundierter Tanz- und Ausdruckstherapie. Z Human Psychol 16: 35-45.

Trautmann-Voigt S (1995). Semele, Zeus und Hera – das Drama-Dreieck: Mann, Ehefrau und Geliebte. Tanztherapeutische Nutzung eines griechischen Mythos zur Selbsterfahrung. In: Jahrbuch Tanzforschung. Bd 6. Wiesbaden: Florian Noetzel; 47-54.

Trautmann-Voigt S, Eberhard M (1990). Zur Bedeutung von Symbolen in der Tanztherapie. In: Der Tanz als Symbol. Symposium der Gesellschaft für Tanzforschung. Artus H-G (Hrsg). Bremen: Universitätsdruck; 35-58.

Trautmann-Voigt S, Voigt B (Hrsg) (1996). Bewegte Augenblicke im Leben des Säuglings – und welche therapeutischen Konsequenzen? Verbindung von Säuglingsforschung und Psychotherapie mit Körper-Bewegung-Tanz. Köln: Claus Richter.

Trautmann-Voigt S, Voigt B (Hrsg) (1997). Freud lernt laufen. Herausforderungen analytischer Tanz- und Bewegungstherapie. Frankfurt: Brandes u. Apsel.

Trautmann-Voigt S, Voigt B (Hrsg) (1998). Bewegung ins Unbewußte. Beiträge zur Säuglingsforschung und analytischen KörperPsychotherapie. Frankfurt: Brandes u. Apsel.

Trautmann-Voigt S, Voigt B (Hrsg) (2001). Bewegung und Bedeutung – Chancen therapeutischer Kommunikation. Psychother Forum 91: 20-9.

Trautmann-Voigt S, Voigt B (Hrsg) (2002). Verspieltheit als Entwicklungschance. Gießen: Psychosozial.

Vogt R (2002). Wie aus einem analytischen Spielrahmen durch Übergangs-Übertragungs-Objekte ernsthaft beseelte Therapieräume werden. In: Verspieltheit als Entwicklungschance. Trautmann-Voigt S, Voigt B (Hrsg). Gießen: Psychosozial.

Voigt B (1991). Tanztherapie als schöpferischer Prozess. In: Jahrbuch Tanzforschung. Bd 1. Wiesbaden: Florian Noetzel; 94-106.

Voigt B (1996a). Analytische Bewegungstherapie – eine angewandte Körperpsychotherapie, die das Ausdrucksverhalten thematisiert. Verhaltensther Psychosoz Prax 28: 245-50.

Voigt B (1996b). Wo die Sprache endet – Psychotherapie im Handlungsdialog. In: Bewegte Augenblicke im Leben des Säuglings – und welche therapeutischen Konsequenzen? Trautmann-Voigt S, Voigt B (Hrsg). Köln: Claus Richter; 83-93.

Voigt B (1997). Bewegungsanalyse und nonverbale Bewegungsinterpretation. In: Freud lernt laufen. Herausforderungen analytischer Tanz- und Bewegungstherapie für Psychoanalyse und Psychotherapie. Trautmann-Voigt S, Voigt B. Frankfurt: Brandes und Apsel; 119-42.

Voigt B, Trautmann-Voigt S (Hrsg.) (2001). Bewegung und Bedeutung. Anregungen zu definierter Körperlichkeit. Köln: Claus Richter.

Voigt B, Trautmann-Voigt S (2001a). Tiefenpsychologische Aspekte der Körpertherapie und der Tanztherapie. Psychotherapeut 4: 60-74.

Voigt B, Trautmann-Voigt S (1998). Zur Rezeption Lichtenbergs und Sterns. In: Bewegung ins Unbewußte. Beiträge zur Säuglingsforschung und analytischen KörperPsychotherapie. Trautmann-Voigt S, Voigt B (Hrsg). Frankfurt: Brandes u. Apsel; 43-81.

Wagner RF, Becker P (Hrsg) (1999). Allgemeine Psychotherapie. Neue Ansätze zu einer Integration psychotherapeutischer Schulen. Göttingen, Bern Toronto, Seattle: Hogrefe.

Winnicott DW (1951, 1987). Übergangsobjekte und Übergangsphänomene. In: Vom Spiel zur Kreativität. 4. Aufl. Winnicott DW. Stuttgart: Klett-Cotta; 10-36.

Winnicott DW (1958, 1974). Die Fähigkeit zum Alleinsein. In: Reifungsprozesse und fördernde Umwelt. Winnicott DW. München: Kindler; 36-46.

Winnicott DW (1974). Reifungsprozesse und fördernde Umwelt. München: Kindler.

Winnicott DW (1976). Von der Kinderheilkunde zur Psychoanalyse. München: Kindler; 293-312.

Wöller W, Kruse J (2001). Tiefenpsychologisch fundierte Psychotherapie. Basisbuch und Praxisleitfaden. Stuttgart, New York: Schattauer.

Renate Hochauf

Zur Rekonstruktion früher traumatischer Erfahrungen

Schlüsselwörter
Kindheitstrauma, Persönlichkeitsstörung, Therapieprozess

Keywords
Childhood trauma, personality disorder, therapeutic process

Zusammenfassung
Für strukturdefizitäre Entwicklungen rücken zunehmend traumatische Erlebnisse der frühen Kindheit als wesentliche Verursachung ins Blickfeld. Neben Erkenntnissen der Psychotraumatologie und Neurobiologie kann der aus den Ergebnissen der neuen Säuglingsforschung abgeleitete Amodalitätsansatz zum Verständnis dissoziativer Vorgänge als frühes traumatisches Entwicklungsartefakt beitragen. Für die Bearbeitung traumatischer Erfahrungen scheint deren präsymbolische und zeitfusionierte Speicherung bedeutsam. Daraus können sowohl Besonderheiten der traumatischen Beziehungsgestaltung als auch des Trauma bearbeitend genutzten methodenintegrativen Inventars abgeleitet werden. Aus einem psychoanalytischen Prozessverständnis heraus, das vor allem traumaspezifische Übertragungsphänomene in ihrer Veränderung zu reflektieren versucht, sollen Erfahrungen im Rahmen traumarekonstruktiver Langzeitbehandlungen vorgestellt und an einem Fallbeispiel diskutiert werden.

Summary
Structural deficitaire development is seen to be caused by early traumatic events. Findings of psychotraumatology and neurobiology as well as results of new infant research and the consequentially approach of amodality for the understanding of dissoziative processes expressing the early artefact of development contribute to this theory. The presymbolic and temporarily fused storage seems to be important for the treatment of traumatic experiences. Special features, both of the traumatic formation of relationship and of the methodically integrative inventory treating trauma, are resulting. Out of a psychoanalytical understanding of process and trying to reflect the alterations of traumaspecific transference, experiences of traumareconstructive long-term treatment are to be presented and to be discussed on the base of a case-report.

About the reconstruction of early traumatic experiences

Persönlichkeitsstörungen 2003; 1: 44–55

Theoretische Erörterungen

Einführung

In der therapeutischen Arbeit an strukturellen Störungen finden sich neben einer dominanten Beziehungspathologie oft Hinweise auf in **verschiedenen Lebensaltern** aufeinander folgende Traumata. Vielfach lassen sich vor allem in traumaorientierten analytischen Langzeitprozessen auch sehr frühe Traumatisierungen explorieren, deren Beginn ich zum Teil bis in vorgeburtliche Zeiten zurückverfolgen konnte. Ihre prägende Bedeutung für die Entwicklung der Struktur zeigt sich im Falle ihrer Bearbeitungsmöglichkeit oft über sehr eindrucksvolle Veränderungen an. Zu späteren Zeiten stattfindende Traumatisierungen scheinen, wie ich oft beobachten konnte, frühe (in präsymbolischen Zeiten stattgefundene) traumatische Ersterfahrungen anzutriggern und in ihren Abbildungsnuancen stark von diesen geprägt zu werden. Aus der intrusiv-dissoziativen Verflechtung früher Traumata mit nachfolgenden Extremerfahrungen entsteht offensichtlich eine zeitfusionierte Komplexabbildung, die durch das jeweils erste beziehungsweise existenziellste Trauma eine determinierende Einfärbung (Janus 1993) erfährt. Bei Bearbeitung späterer Traumata kann dieses »stumm« als »sensomotorische Matrize« mitlaufen und gegebenenfalls sowohl eine differenzierte Verarbeitung einzelner Traumata erschweren als auch die Bearbeitung kumulativer Beziehungsdynamik überlagern. Für

---
Priv.-Doz. Dr. phil. Renate Hochauf, Friedrich-Ebert-Str. 11, 04600 Altenburg

ein hypothetisches Verständnis früher traumatischer Einflüsse auf strukturdefizitäre Entwicklungsprozesse liefern die Ergebnisse der neueren Säuglingsforschung (Stern 1992; Dornes 1992) im Konsens mit neurobiologischen Erkenntnissen ein mögliches Erklärungsmodell.

Im Unterschied zu bisherigen Annahmen der klassischen Objektbeziehungstheorie, die für frühe Strukturbildungsprozesse einen quasi angeborenen Mechanismus der Spaltung als erstes Organisationsprinzip der Reizauswahl annimmt, lässt sich aus den Ergebnissen der Säuglingsforschung eine primär **ganzheitliche Erlebensqualität** ableiten. Gesunde Strukturentwicklung findet offensichtlich auf der Grundlage amodaler (wahrnehmungsintegrativer) Erfahrungsqualität statt. Bereits der frühe Säugling scheint in der Lage, Erfahrungsepisoden als erlebensmäßigen Gesamteindruck aufzunehmen, ohne ihn bereits aktiv erinnern zu können. Die aufgezeichneten Episoden scheinen zunehmend generalisierend in ersten Erfahrungseinheiten, von Stern (1992, S. 143) als RIG (representations of interactions that have been generalizid) bezeichnet, gebunden zu werden. Diese stellen eine bereits prototypische Speicherung individueller Interaktionsepisoden und damit eine erste Verdichtungsleistung sich wiederholender Interaktionsschemata dar, deren situations- und objektbezogene Differenzierung und Generalisierung ab dem 18. Lebensmonat in Symbolisierungsprozesse einmündet. Die Fähigkeit zur Symbolbildung gilt als wesentlicher Reifungssprung für eine gesunde Verarbeitungsfähigkeit. Symbolisierungsvorgänge sind also an eine ganzheitliche Abbildung der Erfahrungsepisode und deren assoziative Verknüpfung mit dem übrigen Erfahrungsspektrum gebunden, so wie es für hinreichend angemessene, aber auch kumulativ-pathologische Interaktionen vorstellbar ist. In diesem Sinne werden die Ergebnisse der Säuglingsforschung derzeit in Hinblick auf frühe Strukturbildungsprozesse diskutiert und haben vor allem in der Bindungsforschung einen hohen Stellenwert erlangt (Brisch 1999; Fonagy 2001). Dissoziative Reaktionen im Sinne eines Zusammenbrechens amodaler Wahrnehmung und Erlebensganzheit wurden im Rahmen der Säuglingsforschung als Reaktionen auf Extremeinwirkungen beobachtet (Stern 1992; Dornes 1992). Damit scheint die Säuglingsforschung auch einen Erklärungsansatz dafür zu liefern, wie die Abbildung traumatischer Erfahrungen in den Anfangszeiten der Strukturbildung vorstellbar ist, denn dissoziative Reaktionen stellen das zentrale Abwehrgeschehen traumatischer Erfahrungen dar. Dieser Aspekt der Säuglingsforschung ist bisher wenig diskutiert worden, soll aber in den weiteren Ausführungen sowohl zur Prozessdarstellung als auch im Verfolgen des Fallbeispiels besonders reflektiert werden.

Die traumatische Episode

Im Rahmen einer traumatischen Ereignisfolge verstärken sich zeitabhängig zunächst aktive Kampf- und Fluchtmuster, was im Falle eines Erfolges die Stressreaktion angemessen beenden würde. Beim weiteren Fortgang des traumatischen Geschehens wird der vormals ganzheitliche Erlebenszustand in seinem Zeit-, Raum- und Bezogenheitserleben immer mehr dissoziiert. Damit sind eine zunehmende selektive Aufmerksamkeit zum »Erspüren« noch vorhandener »Überlebenschancen« und ein gleichzeitiger Besetzungsentzug des Selbst verbunden. Das Einsetzen der Schockreaktion führt schließlich intrapsychisch zur endgültigen Abkopplung des Erlebens von der Situation: der Abwehr eigener ausweglosen Ohnmacht gegenüber einer allmächtigen Fremdeinwirkung. Das bis dahin noch kortikal abgebildete Traumaschema (Fischer 2000) wird offensichtlich vom Moment des inneren Abbruches an für das ja real weiter gehende Geschehen und dessen Ende nur noch in subkortikalen Gedächtnissystemen gespeichert. So erlebt das Opfer ab dem Einsetzen des Schockerlebens subjektiv weder den Fortgang noch das Ende des Traumas. Für diesen Teil des traumatischen Geschehens bildet sich ein dauerhaftes **Erlebensdefizit** – als Kern eines potenziellen Strukturdefizits. Traumatische Erfahrungen verbleiben also als hoch geladene von der übrigen Erfahrungswelt isolierte Erlebensbruchstücke im Selbst. Deshalb können sie weder affektiv mit anderen Erfahrungen verknüpft noch in einem Symbol als Erfahrung gespeichert werden. Dies macht vermutlich auch den Unterschied einer traumatischen Episode zu kumulativer Interaktionspathologie aus: Die kumulative Interaktionspathologie erzeugt im Moment der Einwirkung keine Schockqualität. Erst ihre Häufung prägt für das Kind eine dauerhafte Realitätsverzerrung (Khan 1963).

Kompensatorische Bewältigungsversuche früher Traumatisierungen scheinen sich maßgeblich darum zu gruppieren, die Fähigkeit der physiologisch reifenden Symbolisierungsfähigkeit jenseits des 18. Lebensmonats für traumakompensatorische Strukturierungsversuche zu nutzen (vgl. auch Lichtenberg 1991). Dies scheint vorrangig darüber zu geschehen, dass die noch kortikal repräsentierten Anteile der traumatischen Episoden an spätere, gegebenenfalls Jetzt-Ereignisse »angeheftet« (Janus 1993) werden, wo sie eine scheinsymbolische (analoge) Ordnungsmöglichkeit erhalten (Hochauf 1999). Derartige Analogiebildungen zentrieren sich wohl vor allem um das Anhalten, Retten, Kontrollieren des (längst geschehenen, aber nicht abrufbaren) Fortgangs des traumatischen Geschehens und beinhalten wesentliche Aspekte des traumakompensatorischen Schemas (Fischer 2000).

Fallbeispiel:
Analogiebildung statt Symbolisierung

Eine Patientin beschreibt neben anderen Symptomen auch eine schwere Klaustrophobie mit Panikattacken, Todesängsten, Engegefühlen, Atemnot und Druckgefühlen am Hals. Als prägende Ersttraumatisierung erlebte die Patientin eine (dokumentierte) existenzielle geburtstraumatische Szene mit Nah-Tod-Qualitäten. Die Geburt wurde im siebten Schwangerschaftsmonat und vermutlich nach einer tätlichen Auseinandersetzung mit dem Vater ausgelöst. Unter der Geburt kam es zu schwerem Sauerstoffmangel, die damit zusammenhängende Nah-Tod-Erfahrung blieb in der Patientin als traumatische Episode dissoziiert gespeichert. Im Vorschulalter erfolgte dann eine erneute Traumatisierung im Rahmen einer wiederholten sexualisierten Gewalterfahrung. Der Täter missbrauchte das Schutz suchende Kind mehrfach in einem Raum, in dem er sich mit ihm einschloss, wobei er in einer der Misshandlungsszenen das überraschte, zum Schreien ansetzende Kind durch Würgen zum Verstummen brachte. Im Weiteren trugen vor allem orale Missbrauchserfahrungen dazu bei, die Atemnot des Kindes immer wieder »anzutriggern«. Die Patientin berichtete, bereits in der Kindheit seien chronifizierte Ängste aufgetreten. Als dominanter Triggerreiz wirkte später die Situation geschlossener Räume: in Aktivierung der auf der affektschematischen Ebene ablaufenden, zeitfusionierten Handlungssequenzen.

Ich begleitete die Patientin durch zwei Therapieabschnitte, in deren erstem ich ihre Problematik noch vorrangig aus einem symbol- und konfliktorientierten Verständnis heraus zu bearbeiten versuchte. Im Sinne katathym-imaginativer Psychotherapie wählte ich im Aufgreifen der phobischen Symptomatik das Hausmotiv, das im traditionellen Verständnis symbolisch als »eigenes Selbst, Identität«, als »bergender Ort der weiblichen Welt« gilt (Leuner 1994), von dem aus der von mir damals unterstellte zentrale Abhängigkeits-Autonomie-Konflikt bearbeitet werden sollte. Ich erhoffte mir eine ressourcenorientierte Vertiefung als Bearbeitungsgrundlage des irrtümlich unterstellten dynamischen Konfliktes. Die Patientin allerdings, sowohl mit dem Haus- und Höhlenmotiv als auch »bergenden« Angeboten im weitesten Sinne konfrontiert, aktivierte in der therapeutischen Situation Panik, Atemnot, Wahrnehmungsdissoziation und Beziehungsverlust. Wie ich erst später begriff, waren diese »behausenden« Vorstellungen als sehr konkrete Triggerreize im Rahmen der Traumageschichte der Patientin zu verstehen. Es gelang mir trotzdem, die Symptomatik der Patientin (in Unkenntnis ihrer wirklichen Bedeutung) über die vertrauten balancierenden und konfliktorientierten Symbolinterventionen einzugrenzen.

Erst in der zweiten Therapiephase, nun vertraut mit traumabezogenen Abbildungsbesonderheiten, verstand ich, dass die Patientin sowohl in der Symptomatik als auch in den angebotenen Bildmotiven die bereits beschriebenen »nachbebilderten« Realszenen, eben Analogisierungen (statt Symbolik) erlebte, die sich schließlich als die konkrete (und außen validierte) Nah-Tod-Erfahrung unter der Geburt und der erwähnte sexuelle Missbrauch erwiesen. Die phobischen Analogiesituationen wurden offensichtlich von der Patientin als real ähnlich bedrohlich erlebt, wie es sich in späteren Rekonstruktionen für die traumatische Ursprungserfahrung selbst darstellte.

Die traumatische Interaktion

Die dissoziative Abbildungsqualität und analogisierende Verarbeitung traumatischer Erfahrungen, aber auch deren intrapsychisch abgebrochene Handlungsabfolge sind besonders für das Verständnis der traumatischen Täter-Opfer-Interaktion bedeutsam. Bewegt sich der innere Prozess auf den Schock induzierenden Ereignispunkt zu, scheint die damit einhergehende Dissoziation der Selbstwahrnehmung bei hoher selektiver Wachheit vor allem auf (lebens)rettende Aspekte im Reaktions- und Handlungsspektrum des Aggressors ausgerichtet zu sein. Damit scheint möglich, dass sich Impulse und Intentionen des Aggressors an Stelle der dissoziierten Selbstwahrnehmung identifikatorisch als »Täter-Introjekt« (Hirsch 2002; Reddemann in: Kernberg/Dulz/Sachsse 2000) verankern, mit der Gefahr, diese als eigene Reaktionstendenzen zu erleben. Der bereits von Ferenczi beschriebene **identifikatorische Vorgang** mit dem **Aggressor** kann im traumatischen Ablauf als von außen introjizierter »Fremdkörper« im Selbst verstanden werden (vgl. auch Hirsch 2002). Seine fremdaggressive Prägung scheint über den endgültigen dissoziativen Ausstieg des Kindes aus der Ohnmacht-Allmachts-Interaktion am Abschaltpunkt zu entstehen. In der nachfolgend darauf aufbauenden Strukturierung des Über-Ich-Systems scheint eher eine aktive Identifikation zu geschehen, wie von A. Freud (1936) beschrieben. Da diese allerdings das »Täter-Introjekt« betrifft, ist die damit zusammenhängende Über-Ich-Bildung, wie ich beobachten konnte, vorrangig von Täter bezogenen Ideologisierungen und Anpassungskompensationen geprägt. Wahrscheinlich macht es dieser Mechanismus dem Kind besonders bei fortgesetzten Traumatisierungen im familiären Umfeld überhaupt möglich, den Kontakt zum Aggressor auch außerhalb der traumatischen Szenen aufrechtzuerhalten. Über die auch im Prozess der Täter-Opfer-Interaktion einsetzende Dissoziation bis zum Abbruch der Wahrnehmungs- und Erlebnisfähigkeit wird offensichtlich der Aggressor emotional immer weniger erkennbar. Der Riss zwischen Individuum und Umwelt (vgl. Fischer u. Riedesser 1998, S. 73) zeigt sich für die Interpersonalität als perzeptiver Riss in der Beziehungsdynamik. Das nachfolgende Traumageschehen wird vermutlich ebenso wie der formale Situationskontext auch bezüglich des Interaktionsaspektes dissoziativ aufgezeichnet. Die daraus resultierenden Übertragungen müssen dann in ihrem Kern ebenfalls als episodische Qualitäten (und deren quasi »nach-«symbolisierende, analoge Überarbeitungen) verstanden werden.

Zurückgreifend auf das bereits zitierte Fallbeispiel bedeutet dies: Sowenig wie die »Bildproduktion« der Patientin sich als »Symboldrama« erwies, sowenig konnte dies auch für die der traumatischen Erfahrung angehörigen Beziehungserfahrungen (und daraus resultierenden Übertragungen) zutreffen. Vielmehr mussten sich die therapeutischen Reinszenierungen auf Grund ihrer episodischen Abbildungsqualität so zeigen, wie sie in der traumatischen Szene abgewehrt wurden: als jeweilig analoge Abfolge des traumatischen Beziehungsgeschehens zwischen immer weniger funktionierender Selbstwahrnehmung und selektiver »Überidentifizierung« mit dem Aggressor unter schließlichem »Wahrnehmungsausstieg«. In solchen Fällen scheinen sich Therapeutin und Patientin perzeptiv nicht mehr in einer Zeitebene zu bewegen. Damit wird die Therapeutin zunehmend zum »Container« für das Reaktionsspektrum der traumatischen Interaktion, während die Patientin unterschiedlichen Grades von sowohl der früheren als auch der jetzigen therapeutischen Situation zeitfusioniert dissoziiert sein kann, gegebenenfalls bis zum Beziehungsabbruch. Die Intensität der induzierten Übertragungs- und Gegenübertragungsaspekte wird von Holderegger (1993) als (den Therapeuten) traumatisierende Übertragung beschrieben.

Fortsetzung des Fallbeispiels: Beziehungsentkopplung

In der zweiten Therapiephase arbeitet die Patientin (imaginativ und im KiP-typischen Setting) an bereits benannter früher traumatischer (Geburts-)Erfahrung. Zunächst schildert sie bei Exposition der traumatischen Situation einen äußerst beängstigenden und bedrohlichen Zustand (Luftnot, Erstickungsgefühle, einen verkrampften Körper, extreme Anstrengungen, Erschöpfungsgefühle usw.). Im weiteren Fortgang empfindet sie sich unter Druck gesetzt, schweigt, betont nach längerer Pause auf Nachfrage, sie könne meine Anwesenheit nicht mehr wahrnehmen. Während der Schilderung der dazugehörigen Körpersensationen erlebt sie plötzlich Fallgefühle, Schwindel, Verkrampfungsempfinden im Körper, das Bild verschwindet, sie »schwebt« irgendwo ... Die Patientin hat auf der Wahrnehmungsebene die Beziehung zu mir abgebrochen. In der Übertragung ist die Leere und Isolation des »inneren Kindes« für mich spürbar, die Gegenübertragungsinduktion bewirkt in mir einen latenten resignativen Rückzugsimpuls über das »sich Entziehen« der Patientin (die erschöpfte Rückzugsreaktion der bewusstlos werdenden Mutter unter der Geburt, wie sich für die Patientin später erschließt).

Infolge der **präsymbolischen Abbildungsqualität** traumatischer Erfahrungen sind symbolische Interventionen für deren Exploration oft nur begrenzt wirksam. Dies betrifft unter anderem symbolischsprachlich orientierte Interpretationen, vor allem aber eine klassische Übertragungsarbeit als direkte, symbolisch vermittelte Beziehungsreflexion. Die begrenzte Wirksamkeit direkter Übertragungsarbeit für strukturgestörte (bzw. traumatisierte) Patientinnen und Patienten (Sachsse u. Reddemann 1997; Fischer 2000; Dammann u. Kächele 2001) ist unterdessen vielfach beschrieben worden. Das hat möglicherweise damit zu tun, dass klassische Übertragungsreflexion einen vorangegangenen Symbolisierungsprozess voraussetzt, der für traumatische Erfahrungen nicht angenommen werden kann. Damit stellt sich die Frage, wie symbolische von analogen, also scheinsymbolischen Abbildungsqualitäten zu unterscheiden und auf die eigentliche Explorationsebene der traumatischen Episode zu transformieren sind.

Traumaspezifische Aspekte des therapeutischen Settings

Die interaktionelle Abbildungsrealität traumatischer Beziehungserfahrungen lenkt die Aufmerksamkeit vor allem auf die damit verbundene dissoziierte Personenwahrnehmung und so zwangsläufig auf die Qualität der therapeutischen Realbeziehung. Dafür kann auf das bei Traumabearbeitungen bewährte Setting zurückgegriffen werden, über einen formal zu schaffenden »Ersatzzwischenraum« und die Metapher vom »inneren Kind« zwei Arbeitsebenen zu schaffen. Das Arbeitsbündnis zwischen zwei Erwachsenen (Sachsse u. Reddemann 1997; Fischer 2000) kommentiert die zeitliche Jetzt-Ebene, während mediengebunden das innere »Zeitkind« das traumatische Geschehen abbildet. Für mich gehört deshalb die (traumabezogene) Übertragung immer zum Kind der jeweilig traumatischen Sequenz und ich interveniere kontextbezogen. Im therapeutischen Prozess zeigt sich meines Erachtens die traumatische Kernbeziehung sowohl über die zunehmende perzeptive Beziehungsentkopplung als auch über die selektiv anpassungsorientierte Identifikation mit dem Aggressor im Hinbewegen auf den Schockpunkt. Daran anknüpfend kann sich der Patient oft zunächst mit Erwartungen des Therapeuten identifizieren. Im Schutz der traumakompensatorischen »Identifikation mit dem besseren Aggressor Therapeut« können die Übertragungsbotschaften strukturierend als Botschaft des traumatisierten Kindes (Suche nach Schutz, Trost, Gerechtigkeit etc.) gedeutet werden. Rettungsimpulse werden so traumabezogen (und nicht konfrontierend oder wiedergutmachend) reflektiert. Diese »Zeitparallele« erlaubt es dem Patienten, in seinem bewussten Anteil die Realsituation vom traumatischen Früher formal zu »trennen«.

Als Medium hat sich vor allem die **Imagination** als besonders geeignet zur **Traumaexploration** erwiesen. Sie knüpft zunächst an den analogisierten Abbildungsmöglichkeiten an, um über die dabei zwangsläufig mit aktivierten sensomotorischen Anteile der traumatischen Erfahrungsprägung aus deren Perspektive die eigentliche traumatischen Realszene zu rekonstruieren. Dies geschieht zuerst für den Hinführungsprozess bis zum »Abschaltpunkt«, der noch angemessen in verarbeitenden Gedächtnisprozessen vorfindbar ist. Als Trägermedium früher beziehungsweise subkortikaler Erfahrungsspeicherung funktioniert offenbar ein zwischen dem Hippokampusbereich und dem Kortex vermittelndes frühes Bildgedächtnis (vgl. auch Unfried 1999). Hinter der Schockerfahrung liegende Wahrnehmungen allerdings erreichen, da deren Speicherung nach heutigem Kenntnisstand (Fischer u. Riedesser 1998; Deneke 1999) getrennt von den übrigen Erfahrungen, fragmentiert und anteilig in subkortikalen Notprogrammen erfolgt, oft keine Bildqualität mehr. Sie scheinen nur über körperorientierte Reaktivierungstechniken im weitesten Sinne erschließbar.

Ergänzung zum Fallbeispiel: Abschaltpunkt

Den nach dem Schockpunkt liegenden Abschnitt der traumatischen Ereignisse konnte die Patientin deshalb nicht mehr imaginativ explorieren, weil er außerhalb des kortikalen Verarbeitungssystems gespeichert war. Dieser Anteil der Erfahrung war es vermutlich auch, der die Patientin vor der Therapie in ihre psychischen Krisen geführt hatte, da er jeweils, unkorrigierbar durch kortikale Bewältigungsmuster, auf der affektiv-sensomotorischen Ebene »abgelaufen« war, wenn die jeweilige Kompensation am Abschaltpunkt nicht mehr funktionieren konnte. Allerdings war auch das »Fehlen« dieser Beendigung für die Patientin auf der »Bild«- und Symptomebene lange nicht »sichtbar«, sondern im Verlaufe der Therapie nur über »Verlaufsbrüche« der »Symbolhandlung« beziehungsweise über die defizitäre Wahrnehmung der Motivqualitäten und körperlichen Reaktionen erschließbar. Die Symptomatik der Patientin kulminierte offensichtlich jeweils auf der quasisymbolischen Deckebene dort, wo auf der darunter liegenden episodischen Primärebene eine Handlungssequenz abbrach.

Zum Trauma bearbeitenden Prozess

Stabilisierungsphase

Erfahrungsgemäß dominiert die traumabezogene Übertragungsgestaltung infolge der existenziellen Bedeutung des ursprünglichen Beziehungsgeschehens die therapeutische Situation meist rasch und anhaltend, auch und besonders weil deren konkreter Erfahrungshintergrund oft zu Therapiebeginn weitgehend unbewusst ist. Dies scheint insbesondere für frühe Traumata zu gelten. Die Beziehungsgestaltung des Patienten scheint deshalb prinzipiell durch Anpassungstendenzen bei Wahrnehmungsentkopplung (eines ggf. täterbezogenen kindlichen Bewältigungsversuchs) gekennzeichnet, wie es der Identifikation mit dem Aggressor (und nun mit dem »besseren Aggressor Therapeut«) entspricht. Die Breite des insgesamt schmalen »Interventionsfensters« hängt offensichtlich davon ab, wie weit der Therapeut eine angemessene Differenz gegenüber dem »Täter-Introjekt« aufweist, ohne die Anpassung an dessen Bewertungssystem zu sehr in Frage zu stellen. Die damit angesprochene »minimale Differenz zwischen Arbeitsbündnis und Übertragungsbeziehung« (vgl. Fischer 2000) kann zunächst kognitiv und formal sichern, was letztlich wahrnehmungstrennend erarbeitet werden muss: eine »Metaebene« im Jetzt (Sachsse u. Reddemann 1997), die als zeitlicher Abstand zur traumatischen Erfahrung in der Wahrnehmung zu verankern ist, damit sich der Patient »außerhalb der Gefahr« weiß. Dafür hat sich die bekannte Metapher vom inneren (traumatisierten, im Schock befindlichen) Kind bewährt, das aus der erwachsenen Hier-Perspektive heraus reflektiert wird. Es ist immer wieder erstaunlich, wie rasch und anhaltend diese erste Zeitparallele unter Umständen das Agieren mindern kann.

Die so beschriebene **Rahmengestaltung** entspricht weit gehend den realen Gegebenheiten der inneren Abbildungsqualitäten: Verarbeitete Erfahrungen können parallel zum Jetzt-Bewusstsein abgerufen werden und deren zeitlicher Abstand zur Gegenwart ist stets präsent. Sein »eingefrorenes Zeitkind« trägt der Patient in sich, ohne sich mit diesem wirklich in emotionalem Kontakt zu befinden. Erst wenn das (perzeptive) »Kontaktdreieck« zwischen therapeutischer Realbeziehung und dem Erleben des traumatisierten Kindes möglich ist, kann dieses unter Zeugenschaft »seine Geschichte« über das therapeutische Medium, für die bevorzugt die Imagination gewählt wird, erzählen. Eine einführende Modifikation dieser Intervention kann zum Beispiel auch die Aufforderung an den Patienten darstellen, mit geschlossenen Augen das Therapiezimmer und die Positionierung der anwesenden Personen zu imaginieren. Es ist für mich immer wieder verblüffend, welche »Zeitenüberlagerungen« und damit zu vermutende Verwechslungen auf der Wahrnehmungsebene dabei zu Tage treten: derealisierte Körperwahrnehmung, nahtlose Überleitung der Imagination in traumatische Primärszenen über Handlung, Empfindung und Bildfolge usw. Eine Gewährung oder gar Vertiefung der realitätsabweichenden Effekte kann den traumatischen Fokus und die dazugehörige Personenverwechslung erschließen.

Als besonders bedeutsam für die Arbeit an **traumakompensatorischen Aspekten** haben sich in letzter Zeit Imaginationstechniken erwiesen, die an positive Übertragungsaspekte im Medium anknüpfen. Sie thematisieren besondere »gute (sichere) Orte«, Hilfsintrojekte und »konfliktfreie Situationen« (Leuner 1994; Huber 1995; Reddemann 2001). Derartige thematische Anregungen können den Patienten sowohl zur Aktivierung symbolischer Ressourcenzustände anregen als auch kompensatorische Rettungsphantasien verstärken. In beiden Fällen kann damit kurzfristig oft ein erstaunlicher Stabilisierungsgewinn erzielt werden. Langfristig allerdings spielt meines Erachtens das differenzierte Verständnis der jeweils genutzten inneren Repräsentation eine große Rolle. Symbolische Ressourcezustände, also das stabilisierende Anknüpfen an tragfähige und tröstliche Primärerfahrungen (positive prätraumatische Erfahrungen [vgl. Fischer 2000, S. 64f.]), zeichnen sich durch Distanzierbarkeit, integrierte Wahrnehmung und ganzheitliches Erleben aus. Sie sind deshalb innerlich evozierbar und jederzeit geeignet, ängstigende Erfahrungen im Jetzt zu relativieren: als »Regression im Dienste des Ich« bei existierendem Zwischenraum und gleichzeitigem Erhalt der Gegenwartsanbindung. Traumakompensatorische Rettungsillusionen dominieren meiner Erfahrung nach besonders bei präverbalen Traumatisierungen, da sie ja ein reales Defizit an »guten« symbolischen Primärerfahrungen für zentrale Persönlichkeitsbereiche anzeigen. Sie imponieren wohl prinzipiell durch eine emotional defizitäre Besetzung oder übersetzte Idealisierung – also durch Qualitäten einer analogisierten »Überarbeitung« der Traumaerfahrung. Oft sind dazugehörige Körperwahrnehmungen defizitär, oder der Körper wird erst auf Hinweis überhaupt wahrgenommen. Sie bilden damit offenbar den in der Dissoziation von der Qual »erlösenden« Rettungsaspekt der jeweiligen Traumasequenz ab, während der parallel ablaufende schmerzhafte »Überlebenskampf« derselben Erfahrungssequenz abgespalten ist. Erst bei Aufforderung, die Jetzt-Realität gleichzeitig wahrzunehmen, also die damalige Situationsentkopplung in den therapeutischen »Zwischenraum« einzubringen, aktiver der Körper vermutlich diejenigen Anteile der traumatischen Szene, die er bisher abgespalten halten konnte. Die nun spürbaren Körpersensationen, Ängste, Spannungs- und Resignationsgefühle usw. machen den bisher dissoziierten, aber »überlebensrelevanten« Teil der »Rettungsressource« erfahrbar und können gegebenenfalls direkt auf die traumatische Szene fokussieren.

Fortführung des Fallbeispiels: guter (sicherer) Ort

Die Patientin imaginiert in Einleitung der Traumarekonstruktion einen so genannten »guten sicheren Ort«, eine Waldlichtung in Abendstimmung, in die an einer Stelle die untergehende Sonne rötlich hineinschaut. Sie beschreibt zunächst Ruhe, Geborgenheit, innere Leichtigkeit, allerdings auch ein Gefühl der Eingeschlossenheit in ihre innere (imaginierte) Welt Als ich nach längerer Zeit des Schweigens das Körpererleben nachfrage, kann die Patientin ihren Körper zunächst nicht spüren, schildert ihn dann als schwebend und entspannt (und »so komisch schwer«). Während der Beschreibung wird der Patientin allmählich wahrnehmbarer, was dezent schon längere Zeit auch am »guten, sicheren Ort« von außen erkennbar war: eine angedeutete Streckspannung des gesamten Körpers, ein leichtes Ballen der Fäuste, schwache Atmung und sichtbar schnellerer Puls. Die aus dieser Körperwahrnehmung nun punktuell rekonstruierbare Realsituation erschließt ein der Patientin bekanntes Zimmer und die Körperlichkeit eines zweijährigen Kindes, das auf einer zunächst nicht identifizierbaren Unterlage in ebendieser Verkrampfung liegt und in das Licht der untergehenden Sonne starrt.

Langfristig ergibt sich eine wiederholte, in der Eingangsbeschreibung des Fallbeispiels benannte Missbrauchshandlung, deren erste offensichtlich mit dem Licht der untergehenden Sonne verknüpft ist. Die Patientin hatte sich damals dissoziativ aus dem traumatischen Ablauf »ausgeklinkt« und in die Rettungsillusion des »schützenden« Sonnenlichtes geträumt. Über dieses regredierte sie bis in ihre Nah-Tod-Situation unter der Geburt, bei völliger Depersonalität des Körpers, gleitend von der »rötlichen Abendsonne« in das helle »Licht« des »ewigen Lebens«. Die Spontanregression findet offenbar am jeweiligen Abschaltpunkt der traumatischen Episode(n) über die dissoziative Verknüpfung der gemeinsamen »Ausstiegsqualitäten« und die damit aktivierten Rettungsillusionen statt.

Traumaverknüpfungen

Um die jeweilige Situation des traumatischen Erfahrungsspektrums zu rekonstruieren, kann aus meiner Erfahrung heraus an den analogen Abbildungen angesetzt und über den Körperaspekt die Realszene erschlossen werden. Dazu prüfe ich scheinbar »symbolische« Imaginationen daraufhin, inwieweit ihre dissoziative Qualität und sensomotorische Körperaktivierung auf eine episodische Primärbeschaffenheit hinweist. Unter Orientierung auf das Körpererleben und dessen perzeptivem Umgebungs- und Situationsempfinden kann daraus der Einstieg in eine punktuelle Traumasequenz möglich werden. Ich vermute unterdessen, dass frühe existenzielle Erfahrungen sich bevorzugt über sensomotorische Reaktionsschemata und depersonalisationsnahe Abwehrphänomene gegebenenfalls als Hinweise auf Nah-Tod-Erfahrungen andeuten. Spätere Traumatisierungen konzentrieren sich wohl vor allem um dissoziative Phänomene der Reizabschaltung gegenüber extremen Schmerz- und Entwertungserfahrungen. Auch steht hier die optische Situationswahrnehmung mehr im Vordergrund.

Traumatische Episoden scheinen, auch wenn zwischen ihrer Einwirkung längere Zeitabstände liegen, über körperlich-affektive Eindrücke assoziativ verkoppelt zu sein. Dies scheint ganz besonders für die miteinander verflochtenen jeweiligen Abschaltstellen zuzutreffen, denen übergreifende Kernerfahrung von Aussichtslosigkeit, Ohnmacht und Qual im Ablauf der traumatischen Ereignisfolge gemeinsam sind. Deshalb kann jede spontane oder in der therapeutischen Situation induzierte Antriggerung einer traumatischen Erfahrung eine Komplexaktivierung hervorrufen, die auch in der Traumabearbeitung erst durch die Wahrnehmungstrennung der einzelnen Episoden voneinander entlastet werden kann. Der diagnostische Zugang zur Traumaschichtung scheint mir über eine Vielfalt von Abbruchkriterien in der Bildfolge möglich: Abreißen von Handlungssequenzen, gegebenenfalls Fortführung auf einer anderen Handlungsebene, Abkopplung vom Bild, partielle Fragmentierungen, dissonante Körperempfindungen bei »guten« Inhalten, Stehenbleiben der Bildfolge und vor allem das »Wegtreten« aus dem therapeutischen Kontakt.

Fortführung des Fallbeispiels: Traumaverknüpfungen

Im beschriebenen Fall rekonstruiert sich über entsprechend viele Sitzungen allmählich die Abfolge der späteren Missbrauchshandlungen. Die dazu aktivierte Psychosomatik (Atemnot, Angst, Bewegungsstarre) mit entsprechender vegetativer Begleitsymptomatik hat, zunächst nicht ohne Weiteres erkennbar, gleichzeitig die Geburtstraumatisierung mit ähnlicher Symptomatik angetriggert, so dass in die Missbrauchsszenen auch Affektqualitäten und Sensomotorik hineinfließen, die sich später als nicht direkt dazugehörig erweisen: Schwebe- und Drehgefühle, Todesängste, Todessehnsucht usw., auch Gefühle der Depersonalisation und Körperlosigkeit. Nur eine Punkt für Punkt entlang beider Episoden wahrnehmungstrennende Imaginations- und Beziehungsarbeit scheint die traumatischen Episoden voneinander zu differenzieren und kann rekonstruktiv zum jeweiligen Erlebensanschluss führen: zur Möglichkeit, die jeweils unterschiedlichen körperlichen, personellen und emotionalen Bedingungen amodal zu erfassen. Parallel zur (imaginativen) Rekonstruktion des noch anteilig besetzten und kortikal repräsentierten Anteils des Traumaschemas verstärkt sich kontinuierlich die dazugehörige Übertragung. Deren auf das Verständnis der Täter-Opfer-Interaktion gerichtete Reflexion ermöglichte mir oft sehr präzise historische Zuordnungen zu interaktionell erlebten Wahrnehmungs- und Gefühlsaspekten der traumatischen Situationssequenzen. Die dazugehörigen Übertragungszuschreibungen an den Therapeuten induzieren sowohl das traumatisierte Kind als auch den jeweiligen »Täter«, »hilflosen Zeugen«, »versagenden Retter«, usw., also einen übertragungsanalogen Teil der traumatischen Gesamtsituation. Der Patient überträgt deshalb über den derealisierenden (Trance-)Effekt der perzeptiven Beziehungsentkopplung auf den Therapeuten oft ein Anwesenheitsdefizit. In Fusion mit dem damaligen Kind schaltet er analog dem Trauma ab und »triftet« weg. Der Therapeut wird damit vom, dem Trauma zugehörigen Täter- oder Zeuge-Introjekt perzeptiv immer weniger trennbar.

Bearbeitungsfokus Beziehungsentkopplung

Die Erwachseneninstanz des Patienten funktioniert lange Zeit weit gehend im Dienste des Anpassungskompromisses zwischen Überlebensstrategien des

Kindes und selektiv-identifikatorischen Leistungen an das Über-Ich-System des Aggressors. Nähert sich der rekonstruktive Prozess dem Abschaltpunkt der traumatischen Episode(n) an, intensiviert sich das traumatische Übertragungsgeschehen. Eine parallele Beziehungswahrnehmung im Rahmen der Bearbeitung traumatischer Beziehungserfahrungen versuche ich auf der interaktionellen Ebene über das perzeptive (atmosphärische) Erkennen des früheren und jetzigen Beziehungsangebotes (Übertragung und Realbeziehung) zu fördern. Gelingt eine situative Wahrnehmungsankopplung im Jetzt, besteht die Chance, die vom Patienten meistens nicht gespürte Übertragung (des in der traumatischen Sequenz »ohnmächtigen« Kindes) in die Rekonstruktionsepisode einzubringen und das Kind punktuell zu »besetzen«. Zunächst zeigt sich der angesprochene Bearbeitungskomplex meiner Erfahrung nach als intrapsychischer Abwehrversuch gegen den Fortgang der Handlung. Er gruppiert sich deshalb um Reaktionen des Anhaltens (der traumatischen Handlung) im Sinne der Zeitenverwechslung auf der unbewussten Ebene. Gelingt eine wahrnehmungstrennende (statt symbolisch-dynamisierende) Bearbeitung dieser Übertragungsfusion (eine »minimale Differenzierung des Therapeuten vom Täter-Introjekt«), scheint damit die Bearbeitung zentraler traumatischer Ereignispunkte hinter den Abschaltstellen möglich zu werden, was langfristig eine »Beendigungserfahrung der Täter-Opfer-Interaktion« einschließen kann. Die Intensität dieses Widerstandes scheint sich aus der Verdichtung überlebensrettender Bewältigungsversuche zu ergeben, deren Erfolg dem Erleben nicht zugänglich ist. Als letzte Erinnerung vor dem Schockausstieg sind sie offensichtlich an das »Überleben« des Traumas gekoppelt – als Erfolgsprogramm für künftige existenzielle Erfahrungen.

Ergänzung zum Fallbeispiel: perzeptive Übertragungsverwechslung

Eine Interventionsmöglichkeit, die Beziehungsebenen im Rahmen aktueller Traumabearbeitung perzeptiv (wieder) zu parallelisieren, erscheint mir so vorstellbar: Die Patientin hat imaginativ Zugang zu einer bereits länger in Bearbeitung befindlichen traumatischen Sequenz. Während der Exposition und dem Versuch, inhaltliche Details, sensomotorische, emotionale und Beziehungsaspekte der Szene zu erfassen, schreitet deren gespeichertes Handlungsschema fort. Das führt zunehmend zu Dissoziation, Verlust der Jetzt-Bezogenheit und einem »Gefangensein in der damaligen Szene«. Irgendwann ist die Szene »angehalten«, geht nicht mehr weiter, »die Zeit steht still«, der Rapport zur Patientin kann mehr oder weniger unterbrochen sein, sie kann perzeptiv die frühere und jetzige Situation nicht mehr »trennen«. Damit ist die Gefahr einer perzeptiven Verwechslung zwischen frühem Aggressor (oder versagenden »Retterpersonen« im Umfeld des Täters) und der Therapeutin gegeben, gekoppelt mit der entsprechenden Widerstandsentwicklung. Für die parallelisierende Trennung der Beziehungsebenen kann (u.U. sogar, indem ein liegendes Setting zum Sitzen hin gewechselt wird) unter Beibehaltung der inneren Abbildung des Geschehens die Patientin angeregt werden, sich perzeptiv in die Jetzt-Realität der therapeutischen Situation zurückzuholen – denn, der wirklich sichere Ort sollte der reale therapeutische Raum sein: zeitlich nach dem Trauma, im Gefühl für dessen Beendigung und im Wissen um dessen Ausgang. Diese Realität aber muss vor allem in der Wahrnehmung der Patientin verankert werden, im erlebbaren, von der Dissoziation der Traumaabbildung abgehobenen (amodalen) Jetzt-Bewusstsein. Kann die aktuelle atmosphärische Bezogenheit von der Patientin als »Realanker« wahrgenommen werden, wird sie aufgefordert, die eben erlebte Szene nochmals aus dem Jetzt (wie durch ein Zeit-Fernrohr) ablaufen zu lassen. Dazu werden die von der Therapeutin containerten (und von der Patientin abgespalten und nicht gespürten) Übertragungen des Kindes (Ohnmacht, Hilflosigkeit, Qual, Entsetzen, Angst usw.) gespiegelt, um die Besetzung dieses Kindes zu unterstützen. Damit kann es gelingen, eine Gefühlssequenz des inneren Kindes zugänglich und dieses in eine emotionale Bezogenheit zu bekommen, was die übertragungsanaloge Verwechslung relativiert. Im Bedarfsfall eignet sich die dazu containerte Gegenübertragung zum Verständnis des Reaktionsspektrums des früheren Aggressors.

Die Patientin arbeitete zunächst über viele Sitzungen an sexuellen Missbrauchserfahrungen, die in der nächstfolgenden Therapiestunde jeweils wieder aufgegriffen wurden. Die in der ersten Aktualisierung dieses Vorganges noch vorhandenen panikartigen Ängste, körperlichen Abwehrreaktionen und deutlich visuellen Eindrücken verblassten und entemotionalisierten sich in jeder weiteren Sitzung. Die Reflexion der Situation veranlasste die Patientin zu dem Satz: »Wenn ich das Gefühl zulasse, passiert es wieder und Sie können es nicht verhindern.«

Die Klärung gelang erst über die Bearbeitung des anlogen Übertragungsaspektes. Die Patientin erlebte sich auf der unbewussten Ebene in der traumatischen Situation aktuell dort anwesend und allein mit dem Täter. Sie verwechselte die Therapeutin mit der Großmutter, welche die Patientin öfter mit dem krankheitshalber berenteten Großvater allein ließ, da sie stundenweise arbeitete.

Bearbeitungsfokus Rettungsillusionen

Obwohl frühe Traumaschemata eine Grundprägung auch für spätere traumatische Erfahrungen darstellen und deshalb ständig in der rekonstruktiven Arbeit »präsent« sein können, erfolgt der inhaltliche Zugang meist »von oben nach unten«. Das heißt, spätere Traumata explorieren sich zuerst, ohne aber eine wirklich endgültige »Beendigung« zu erfahren. Besonders an deren »Abschaltpunkt« erfolgt dann, wie ich häufig beobachten konnte, eine »Spontanregression« zu den »Rettungslösungen« vorher liegender Traumata, die bis zur frühesten und/oder existenziellsten Not führen und oft verzweifelt festgehalten werden. Dafür kann der Rekonstruktionsmodus der bereits mehrfach beschriebenen Patientin als typisch gelten. Sie erarbeitet die Abfolge ihrer Missbrauchserfahrungen zunächst bis zur Stelle des Handlungsabbruchs. Dort intensiviert sich über die traumabedingte Wahrnehmungsentkopplung von der Primärsituation die dissoziative Personenverkennung zur Therapeutin. Die damit verbundene »Flucht« in eine Rettungssehnsucht, ihr »guter sicherer Ort«, nämlich der roten Sonne (bzw. später des gelben Lichts), induziert über die Verknüpfung dieser Rettungssehnsucht mit der aus dem davor liegenden Trauma (der Geburtstraumatisierung mit todes-

nahen Erfahrungen) eine Regression an den Abschaltpunkt des früheren Traumas – und eine Komplexaktivierung beider.

Die endgültige Distanzierung von Täterintrojektionen ist ein mühsamer, vor allem im Über-Ich-System schwer zu bearbeitender Prozess, der auch eine intensive Auseinandersetzung mit kumulativen Aspekten traumabesetzter Bezugspersonen einschließt. Er richtet sich vor allem auf die Fähigkeit, die Gespaltenheit des Aggressors und eigene Ambivalenzen ihm gegenüber wahrzunehmen (Fischer 2000). Parallel zur Arbeit an den **Über-Ich-Strukturen** stehen die damit zusammenhängenden Reinszenierungstendenzen dieser inneren »Kompromissbildung« im Vordergrund. Das täteridentifizierte kindliche Über-Ich »behütete« zwar im Rahmen familiär gesteckter Möglichkeiten das traumatisierte Kind, aber ohne eine wirkliche Distanzierung von familiären Ideologien. Deshalb verdankt die Patientin gerade diesem »kindlichen Anpassungs-Über-Ich« in aller Regel ihre, wenn auch oft begrenzten, Bewältigungspotenzen und ihre reale Lebensleistung im Erwachsenenleben, schließt aber auch ihre Gefangenschaft in der Loyalität zum früheren Aggressor und dem familiären Wertesystem ein. An dieser Stelle des traumarekonstruktiven Prozesses allerdings wird die Bedeutung des Geschehens fühlbar und es kann deshalb nochmals zum Widerstand gegen den Fortgang der Therapie kommen, indem die potenzielle »…Weichenstellung – schmerzhafte Fortschritte oder erleichternde Rückkehr – oft genug…« zugunsten letzterem entschieden wird (Hirsch 2002, S. 310).

Für die Arbeit an den verdrängten Anteilen dieses Über-Ich-Kompromisses in seiner Verknüpfung mit dem Traumaschema hat sich für mich erstaunlicherweise eine alternierende Bearbeitung zwischen gezielt regressionsorientierter Arbeit (für die sensomotorisch-affektiven Kernqualitäten aus dem körperlichen Überlebenskampf) und einer modifizierten Form des von Shapiro und Forrest (1998) entwickelten Eye Movement Desensitization and Reprocessing EMDR (für die Über-Ich-geleiteten zentralen Rettungsillusionen, die in der verinnerlichten Täterideologie verankert sind) bewährt. Die damit explorierbaren Einsichten und gelegentlich sehr intensiven körperlichen Reaktionen zeigen offensichtlich den Zusammenhang zwischen verdrängungsgebundenen Über-Ich-Aspekten und dissoziativ-sensomotorischen »Abschaltstellen« an, deren Informationen noch nicht assoziationsfähig sind und unter anderem über den Einsatz imaginativ-körpertherapeutischer Arbeit zugänglich werden können. Die so gehandhabte Widerstandsbearbeitung fördert vermutlich sowohl eine kortikale Bewertungsintegration als auch die Aktivierung zentraler (vor allem körperlich fixierter) dissoziierter »Kernerinnerungen«. Die aus der EMDR-Technik bekannten »negativen Kognitionen«, mit denen die traumatischen Ereignisse bezüglich Selbstbewertung und Schuldzuweisung oft verknüpft sind, scheinen weitgehend dem Kontext des kindlichen Anpassungs-Über-Ich zu entstammen, welches den Kompromiss zwischen Überlebenskampf und Rehabilitierung des Aggressors leistete. Die nach Traumaexposition und Desensibilisierung angestrebte »positive Ankerung« zielt vor allem eine am normativen Über-Ich orientierte Neubewertung des traumatischen Geschehens an, die eine Distanzierung von Täter-Projektionen und Selbstentwertungen unterstützt.

Integration und Trauerarbeit

Zur Erarbeitung des inneren Traumakerns, der infolge seiner existenziellen und frühen Qualität auf der sensomotorischen Ebene abgerufen werden muss, eignen sich besonders körpertherapeutische Elemente. Damit ist ein punktuelles »Zusammenfügen« der realen dortigen Abfolge angestrebt: des körperlichen Überlebenskampfes, seiner Qual und seines Neuankoppelns an das Leben bei Fortgang des Geschehens. Die dabei aktivierten Affekte und Gefühle bedürfen also primär keiner Abreaktion, sondern eines parallelen Nacherlebens der Schmerzerfahrung des Kindes aus der Jetzt-Wahrnehmung heraus. Affektabfuhr kann allerdings zunächst einen ersten Schritt darstellen, die kindliche Schmerzäußerung für einen Ereignispunkt »zu erlauben«. Indem therapeutisch die unbewusste kindliche Rettungssehnsucht nach Schutz, Hilfe usw. (der nicht gelebte Schrei des Kindes) in der Übertragung thematisiert wird, werden die angezielten kathartischen Prozesse zur Integration der Traumata gefördert. Allerdings kann das Festhalten an Abreaktionen unter Umständen gerade in aktiver Schmerzabwehr diese Integration unterlaufen. Unter parallelisierender Reflexion der aktivierten traumaanalogen Übertragung kann der Einsatz ausgewählter Körpertechniken zum angesprochenen Zeitpunkt optimale Möglichkeiten erschließen: Er unterstützt offensichtlich über die Erlebnisverbindung von perzeptiver Besetzung und Emotionalität der rekonstruierten Erfahrungen das Hinbewegen auf Amodalität und integratives Erleben des Traumas. Es scheint, als »wachsen Körper und Seele zusammen«, was sich gelegentlich sehr augenscheinlich in intensiven somatischen Reaktionen und passageren Erkrankungen zeigt, die eine rekonstruktionsrelevante Symptomatik kopieren.

Ergänzung zum Fallbeispiel: Integration

Im Rahmen der Rekonstruktion der Geburtstraumatisierung gelangt die Patientin in die Bearbeitung der traumatischen Sequenz, die ihre Nah-Tod-Erfahrung (fast erfolgter Erstickungstod) betrifft. Dabei gewinnt sie körpertherapeutisch Zugang zu Empfindungen desjenigen Teils der traumatischen Szene, der bisher in der »Abschaltung« unzugänglich war. Sie kann die Erfahrung bis zum Punkt des Geborenwerdens und Überlebens besetzen, ohne emotional die »Erlösung« zu spüren. In den folgenden Tagen entwickelt die Patientin eine schwere Angina mit Erstickungsgefühlen, blanken Ängsten usw. Über die regressive Situation der Krankheit, aus der sie deutlich stabilisiert in die Therapie zurückkehrt und die nun erfolgende Weiterbearbeitung gelingt dann das ganzheitliche Erleben des »Überlebens«. Im Gefolge einer nachklingenden sehr intensiven Trauerphase verschwinden sowohl die in der Regression als quälend erlebten körperlichen Schmerzzustände als auch die Todesangst.

An dieser Stelle scheint mir noch ein Verweis auf die Besonderheit der körpertherapeutisch geförderten Integrationsprozesse bezüglich der Übertragungsarbeit bedeutsam. Diese scheinen oft (neben ihrer emotionalen Intensität) auch stärkere Körpersensationen und Zustände »in den Therapeuten zu transportieren«, und zwar mit der »traumatischen Übertragungsintensität«, die vom Patienten dissoziativ abgewehrt wurde. Derartige **körperliche Übertragungsaspekte** können im rekonstuktiven Geschehen wichtige »Erlebnislücken« besetzen und sehr defizitäre Wahrnehmungssequenzen versteh- und erlebbar machen. Die Handhabung solcher »Körperübertragungen« aber ist natürlich ebenfalls nicht intentional-dynamisch zu verstehen und zu handhaben – ihre energetische Potenz überträgt kaum symbolischen Bedeutungsgehalt, sondern eben eine Wahrnehmungssequenz (vgl. Dornes 1997, S. 67f.). Krüger (2001) diskutiert den Zusammenhang von »Energie« und Beziehung im Rahmen körpertherapeutischer Prozesse. Vor dem Hintergrund der modernen Säuglingsforschung betont er die energetische Repräsentanz von in der Körpersymptomatik vorhandener sensorischer Affekte, die körperlich-energetisch gebunden und über Beziehung entstanden seien. Energetische (amodale) Wahrnehmungspräsenz als Voraussetzung für dynamische Übertragungsqualitäten steht damit dem dissoziativen Geschehen gegenüber, das sich »energetisch« defizitär im »sensorischen Affekt« wiederfindet und auf nicht symbolisierbare Erfahrungsanteile verweist.

Im Zuge der Trauerarbeit und in Wechselbeziehung mit Symbolisierungsprozessen beginnt der Strukturgewinn. Solange das Kind vom Erwachsenenanteil des Patienten kompensatorisch »beeltert« wird, besteht noch eine gewisse (therapeutisch geförderte und symbolisch genutzte) Distanz zu den früheren traumatischen Erfahrungen. Mit der erwachsenen Schmerzqualität (»Das Kind bin ja ich gewesen«) entfallen alle Möglichkeiten nachträglicher »Wiedergutmachung«. Damit aber wird die Unentrinnbarkeit der frühen Geschichte dauerhaft präsent, allerdings auch deren historisches »Ende«, also die zeitliche »Beendigung« der traumatischen Erfahrungen. In der damit verbundenen Fähigkeit, die traumatischen Ereignisse über assoziative Verknüpfungen mit dem übrigen Erfahrungsspektrum in Symbolik einzubinden, scheint mir das wesentliche Kriterium einer erfolgreichen traumarekonstruktiven Therapie zu liegen. In der nun möglichen Trauerarbeit realisiert sich die Möglichkeit, Verluste ohne Abbruch der Kontinuität in die Lebensgeschichte zu integrieren und die Ambivalenz von Liebesfähigkeit und Enttäuschungsaggressionen im Schmerz klärend zu erleben.

Literatur

Brisch K (1999). Bindungsstörungen. Von der Bindungstheorie zur Therapie. Stuttgart: Klett-Cotta.
Dammann G, Kächele H (2001). Resultate der psychodynamischen Behandlung von Borderline-Störungen. Nervenheilkunde 20: 31-59.
Deneke FW (1999). Psychische Struktur und Gehirn: die Gestaltung Subjektiver Wirklichkeiten. Stuttgart, New York: Schattauer.
Dornes M (1992). Der kompetente Säugling. Frankfurt: Fischer.
Dornes M (1997). Die frühe Kindheit. Frankfurt: Fischer.
Fischer G, Riedesser P (1998). Lehrbuch der Psychotraumatologie. München, Basel: UTB Reinhard.
Fischer G (2000). Mehrdimensionale psychodynamische Traumatherapie MPTT. Heidelberg: Asanger.
Fonagy P (2001). Das Ende einer Familienfehde. In: Die Gegenwart der Psychoanalyse – die Psychoanalyse der Gegenwart. Bohleber W, Drews S (Hrsg). Stuttgart: Klett-Cotta; 304-19.
Freud A (1936, 1980). Das Ich und die Abwehrmechanismen. In: Die Schriften der Anna Freud. Bd I. Watson H, Schröter M (Hrsg). München: Kindler.
Hirsch M (2002). Schuld und Schuldgefühle. Vandenhoeck Göttingen
Hochauf 1999 Imagination als Prozessmedium in der analytisch orientierten Psychotherapie bei strukturdefizitären Entwicklungen. In: Katathym-imaginative Psychotherapie als analytischer Prozess. Hennig H, Rosendahl W (Hrsg). Lengrich, Berlin, Düsseldorf, Leipzig, Riga, Scottsdale, Wien, Zagreb: Pabst Science.
Holdeegger H (1993). Der Umgang mit dem Trauma. Stuttgart: Klett-Cotta.
Huber M (1995). Multiple Persönlichkeiten. Frankfurt: Fischer.
Janus L (1993). Die Psychoanalyse der vorgeburtlichen Lebenszeit und der Geburt. Centaurus-Verlagsgesellschaft Pfaffenweiler.
Khan M (1963). Das kumulative Trauma. In: Selbsterfahrung in der Therapie. München: Kindler; 40-70.
Krüger AH (2001). »Energie oder Beziehung« – Zum multimodalen Verständnis von Energie und Beziehung und die psychotherapeutischen Konsequenzen für die Arbeit mit frühen Störungen. In: Integration des Körpers in die analytische Psychotherapie. Maaz H-J, Krüger H (Hrsg). Lengerich: Pabst Scienc; 71-86.
Leuner HC (1994). Lehrbuch der katathym-imaginativen Psychotherapie. Bern, Göttingen: Huber.
Lichtenberg JD (1991). Psychoanalyse und Säuglingsforschung. Berlin, Heidelberg, New York: Springer.
Reddemann L, Sachsse U (2000). Traumazentrierte Psychotherapie der chronifizierten, komplexen Posttraumatischen Belastungsstörung vom Phänotyp der Borderline-Persönlichkeitsstörung. In: Handbuch der Borderline-Störungen. Kernberg OF, Dulz B, Sachsse U (Hrsg). Stuttgart, New York: Schattauer; 555-71.
Reddemann L (2001). Imagination als heilsame Kraft. Stuttgart: Pfeiffer bei Klett-Cotta.
Sachsse U, Reddemann L (1997). Traumazentrierte Psychotherapie mit Imagination. Fundam Psychiatr 11: 169-78.
Shapiro F, Forrest M (1998). EMDR in Aktion. Paderborn: Junfermann.
Stern D (1992). Die Lebenserfahrung des Säuglings. Stuttgart: Klett-Cotta.
Unfried N (1999). Erfahrungsbilanz der Behandlung von Kindern mit prä- und perinatalen Traumen. Int J Prenat Perinat Psychol Med 11: 518-28.

Hertha Richter-Appelt

Körpererfahrungen und Sexualität bei sexuell traumatisierten Frauen

Schlüsselwörter
Sexueller Missbrauch, körperliche Misshandlung, Körpererleben, Sexualität, protektive Faktoren

Keywords
Sexual abuse, physical maltreatment, body experience, sexuality, protective factors

Zusammenfassung
Betrachtet man das Körpererleben sexuell traumatisierter Frauen, so muss man zwischen der Zeit vor der sexuellen Traumatisierung, den sexuell traumatisierenden Erlebnissen selbst und dem Körpererleben nach der Traumatisierung unterscheiden. Einleitend wird auf die Bedeutung früher Berührungserfahrungen für die psychosexuelle Entwicklung eingegangen, dann eine begriffliche Klärung vorgenommen. Im Anschluss an eine kritische Darstellung von Studien zu Folgen von sexuellem Missbrauch werden einige Teilaspekte der Hamburger Studie zu sexuellem Missbrauch und körperlichen Misshandlungen (Richter-Appelt u. Tiefensee 1996a; 1996b) dargestellt und diskutiert. Unter 616 jungen Frauen wurden nach einem umfangreichen Kriterienkatalog 23% als sexuell missbraucht und 28% als körperlich misshandelt klassifiziert (12% der Gesamtstichprobe waren sexuell missbraucht und körperlich misshandelt worden). Es wird auf die Formen des sexuellen Missbrauchs eingegangen, die Bedeutung der Schwere des Missbrauchs diskutiert und die protektiven Faktoren bei den Frauen, die trotz sexueller Missbrauchserfahrungen keine Symptome im Erwachsenenalter zeigten, dargestellt. Abschließend werden die Bedeutung körperlicher Misshandlungen sowie spezielle Aspekte der Sexualität sexuell missbrauchter Frauen diskutiert.

Summary
Discussing the body experiences of sexually traumatized women one has to look for the time before the sexual traumatization, the traumatizing experience itself and the long term body experiences. First the relevance of early body contacts for the psychosexual development is discussed and concepts of sexual traumatizations are pointed out. A critical position is given on the long term follow up studies after childhood sexual abuse. Specific aspects of the Hamburg study on sexual abuse and physical maltreatments (Richter-Appelt u. Tiefensee 1996a; 1996b) are presented. In a non clinical sample of 616 young women 23% have been classified as sexually abused and 28% as physically maltreated (12% of the total sample have been sexually abused as well as physically maltreated). Different forms of sexual abuse, the relevance of different degrees of abuse and protective factors for not having any symptoms after childhood sexual abuse are presented. Finally the significance of physical maltreatment for long term effects and specific aspects of adult sexuality after childhood sexual experiences are discussed.

Body experiences and sexuality in sexually traumatized women

Persönlichkeitsstörungen 2003; 1: 56–66

Betrachtet man das Körpererleben sexuell traumatisierter Frauen, so muss man zwischen der Zeit vor der sexuellen Traumatisierung, den sexuell traumatisierenden Erlebnissen selbst und dem Körpererleben sowie der Sexualität nach der Traumatisierung unterscheiden.

Prof. Dr. Hertha Richter-Appelt, Abteilung für Sexualforschung, Klinik für Psychiatrie und Psychotherapie, Universitätsklinikum Hamburg-Eppendorf, 20246 Hamburg

Frühe Berührungserfahrungen

In der psychoanalytischen Entwicklungstheorie werden die Berührungserfahrungen des Kleinkindes im Genitalbereich und die damit einher gehenden Berührungen des nackten kindlichen Körpers nicht explizit reflektiert. Auffallend ist, dass auch in der modernen Säuglingsforschung die direkte Berührung des kindlichen Genitales und Berührungen des nackten kindlichen Körpers beim Baden und

Wickeln praktisch keine Rolle spielen. Im Weg weisenden Buch von Dornes (1993) mit dem Titel »Der kompetente Säugling« kommen die Begriffe Baden und Wickeln gar nicht vor (vgl. auch Lichtenberg 1991). Seit den Affenexperimenten von Harlow (1958; 1962) und den Filmen von Leboyer wird jedoch die Wichtigkeit der körperlichen Berührungen für die Entwicklung des Säuglings und Kleinkindes allgemein akzeptiert.

Die Bedeutung körperlicher Erfahrungen für das **Haut-Ich** hat vor allem Anzieu (1991) erörtert, der diese frühen Phänomene aus kognitiv-behavioristischer und psychoanalytischer Sichtweise einander gegenübergestellt. Dabei gilt folgende Grundannahme: »Zwischen Experimentalpsychologie und Psychoanalyse besteht Übereinstimmung darüber, daß das Neugeborene einen körperlichen Ich-Vorläufer besitzt, der in der Lage ist, verschiedene sensorische Daten zu integrieren, und die Tendenz besitzt, sich auf Objekte zuzubewegen, ihnen gegenüber Strategien zu entwickeln und mit den Personen seiner Umwelt Objektbeziehungen einzugehen« (Anzieu 1991, S. 82). Anzieu hebt hervor, dass neben dem Nachmachen, Nachsprechen das »Nachberühren« eine wichtigere Rolle spiele. Beim Säugling würde sich als erstes die Berührungssensibilität entwickeln. Anzieu räumt zwar den Berührungen des kindlichen Körpers, der kindlichen Haut große Bedeutung ein, erwähnt jedoch nicht, welche Bedeutung Berührungen im Genitalbereich haben könnten, welche Fantasien der Pflegepersonen – vor allem der Mutter ihren eigenen Körper betreffend – im Umgang mit dem Säugling eine Rolle spielen könnten. Mertens (1992) beschäftigt sich mit der Bedeutung der Haut für die psychosexuelle Entwicklung: »Die Haut übermittelt Berührungen, Geschmack, Geruch und Wärme. Sie grenzt ab, hüllt ein. Und schließlich ist sie mit das wichtigste Medium für nonverbale Kommunikation von Affekten wie Liebe, Furcht, Hass, Ekel und anderen« (S. 56). Zwar erörtert er auch sensorische Erfahrungen im **Genitalbereich** bei Säuglingen und Kleinkindern. Interessanterweise jedoch geht er nur auf das genitale Spiel, also die Berührungen des Genitales durch das Kind selbst, ein. Er bezieht sich dabei auf Überlegungen von Spitz, der beobachten konnte, dass Stimulierungen im Genitalbereich zunächst als ein mehr oder weniger zufälliges Spiel und später als eine gezielte intentionale Handlung bei gesunden Kindern auftraten, bei Heimkindern jedoch jedes Interesse an derartigen Spielen fehlte.

Für die Sexualentwicklung ist die Entstehung eines angemessenen Körperbildes, körperlicher Selbstrepräsentanzen von größter Bedeutung. Dabei spielen alle Körpererfahrungen und nicht nur die in der psychoanalytischen Entwicklungstheorie im Zusammenhang mit den für die klassische psychoanalytische Phasenlehre wesentlichen erogenen Zonen eine entscheidende Rolle. Heigl-Evers hat in diesem Zusammenhang den Begriff des »Körpers als Empfindungslandschaft« geprägt (Heigl-Evers u. Weidenhammer 1988). In den ersten Lebensjahren geht es um die Inbesitznahme der eigenen Körperlichkeit, den Entwurf einer Topografie lustvoller Erfahrungen. Diese Inbesitznahme kann durch Über- aber auch Unterstimulierung unter anderem auch im Genitalbereich irritiert oder gestört werden.

Sexuelle Traumatisierung: konzeptuelle Überlegungen

Die bisherigen Ausführungen machen deutlich, wie schwierig es ist, Körpererfahrungen und sexuelle Traumatisierungen überhaupt zu erfassen. Dennoch wurden in den letzten Jahren unzählige Studien zu Vorkommen, Erscheinungsformen und Folgen von sexuellem Missbrauch durchgeführt. Viele dieser Untersuchungen geben keine klare Definition, was unter sexuellem Missbrauch überhaupt verstanden wird. Der Begriff des sexuellen Missbrauchs wird im Umgang mit Schutzbefohlenen und Kindern verwendet, während Vergewaltigung in der Regel für »außerehelichen Beischlaf« (seit 1997 auch innerhalb der Ehe) unter Gewalt oder Drohung »mit gegenwärtiger Gefahr für Leib oder Leben« verwendet wird. Bis heute gibt es keine allgemein anerkannte Definition von sexuellem Missbrauch. Amann und Wipplinger (1997) geben einen kritischen Überblick über bisherige Definitionsversuche. Es gilt als sicher, dass auch Gleichaltrige oder Kinder und Jugendliche mit anderen in einer sexuell traumatisierenden Weise verkehren können.

Die Definition oder vielleicht besser **Beschreibung** von **sexuellem Missbrauch** wird meistens durch folgende **Kennzeichen** charakterisiert:
- eine sexuelle Handlung
- eine Abhängigkeitsbeziehung
- die Bedürfnisbefriedigung des Mächtigeren
- die mangelnde Einfühlung in das Kind
- das Gebot der Geheimhaltung

Diese Kennzeichen erweisen sich bei näherer Überprüfung als ungenau und wenig differenziert: Die sexuelle Handlung und der Begriff der Abhängigkeitsbeziehung sind nicht genau operationalisiert und auch bei den restlichen drei Merkmalen (Bedürfnisbefriedigung des Mächtigeren, mangelnde Einfühlung in das Kind und Gebot der Geheimhaltung) handelt es sich bestenfalls um oberflächliche Beschreibungen, die eine Analyse des komplexen Interaktions- und damit verbundenen Fantasiegeschehens (wie z. B. Ängste, was auf einen Übergriff folgen könnte) im Kontext einer sexuellen Missbrauchssituation oder Beziehung vermissen lassen und leicht Gefahr laufen, in Fehldeutungen und/oder Beliebigkeit zu münden. Die Schwierigkeit, sexuellen Missbrauch einzugrenzen, wird etwa in der Definition von Fegert (1989) deutlich: »Sexueller Missbrauch ist ein traumatisches Erlebnis (eine Noxe), das auch mit konkreten körperlichen Traumata verbunden sein kann und psychische Sofort-, Früh- oder Spätfolgen zeitigen kann. Zu diesen psychischen Folgen können eine große Zahl von Symptomen gehören, wobei eine lineare Kausalität (sexueller Mißbrauch – Krankheitsbild) – bei aller Evidenz – wissenschaftlich oft nicht aufzuzeigen sein wird« (S. 69).

Unter Vergewaltigung versteht man die Nötigung zum Geschlechtsverkehr (oder ähnlichen erniedrigenden sexuellen Handlungen), der durch Gewalt, Drohung oder das Ausnutzen einer hilflosen Lage eines Opfers erzwungen wird. Seit 1997 ist die Vergewaltigung von Frauen sowohl innerhalb als auch außerhalb der Ehe strafbar. Außerdem kann wegen Vergewaltigung bestraft werden, wer einen Mann zu einer sexuellen Handlung zwingt, die ihn besonders erniedrigt. Die **Vergewaltigung** von Kindern wird meistens als sexueller Missbrauch geahndet.

Unter juristischen Gesichtspunkten interessieren vor allem die strafbaren Handlungen; unter psychologischen geht es vor allem um die Frage, welche Kinder, Jugendliche oder Erwachsene mit welcher Vorgeschichte unter welchen Bedingungen mit welchen Personen welche Situationen erleben, die zu kurz- oder langfristigen negativen Folgen führen. Ganz entscheidend ist dabei, dass ein und dieselbe Straftat zu ganz unterschiedlichen Traumatisierungen führen kann.

Es ist wichtig zwischen sexueller Traumatisierung – Traumatisierung durch die Sexualität – und Traumatisierung der Sexualität zu **unterscheiden** (Richter-Appelt 2001). Sexuelle Traumatisierung geschieht entweder durch die ungewollte Konfrontation mit der Sexualität anderer sowie durch die Androhung oder Durchführung sexueller Handlungen gegen den Willen einer Person aber auch durch Überstimulierung des Opfers (z. B. übermäßige Stimulation des Säuglings beim Wickeln), die nicht unbedingt mit einer sexuellen Reaktion beim Täter einhergehen muss. Auch muss nicht jede Traumatisierung durch sexuelle Reize zu einer Beeinträchtigung von Sexualität führen. Es können auch andere Folgeerscheinungen auftreten wie Angst, Depressionen, Suizidgedanken oder -versuche. Die Sexualität wiederum kann auch durch andere, nicht sexuelle Erfahrungen im eigentlichen Sinn traumatisiert werden, wie etwa durch Unterstimulierung (z.B. Vermeiden körperlicher Berührungen). Auch fehlende Wissensvermittlung in Kombination mit sozialer Isolation bei gleichzeitiger Entwertung jeglicher Form von Sexualität kann zu Traumatisierungen führen. Die Traumatisierung der Sexualität muss also keineswegs durch sexuelle Handlungen geschehen. Unter juristischen Gesichtspunkten geht es um das Rechtsgut einer ungestörten sexuellen Entwicklung junger Menschen (§176 StGB). Sexuelle Vernachlässigung (Unterstimulierung) wird jedoch nicht als Straftatbestand angesehen.

Untersuchungen zu Folgen von sexuellem Missbrauch

Um nicht falsche Vorstellungen über die Folgen von Missbrauch und Misshandlung zu wecken, möchte ich zunächst Beitchman et al. (1991) zitieren, die in ihrer Übersichtsarbeit zu den kurzfristigen Folgen von sexuellem Missbrauch meinen, zum gegenwärtigen Zeitpunkt könne man von einem »post-sexual-abuse syndrome« nicht sprechen. Dies liegt vor allem daran, dass es den sexuellen Missbrauch als einheitliches Phänomen gar nicht gibt. Nicht nur, dass die sexuell traumatisierende Handlung sehr **unterschiedliche Formen** annehmen kann von Anal-, Oral- oder Genitalkontakt über gegenseitiges Masturbieren, gegenseitiges Zeigen der Genitalien usw., sondern neben diesen Situationen mit aktiven sexuellen Handlungen gibt es auch andere Formen sexueller Traumatisierungen, die viel subtilere Formen des Missbrauchs darstellen. Hierzu gehören vor allem die Unterdrückung und Bestrafung sexueller Handlungen, aber auch die Sexualisierung von Beziehungen. Eine sexuelle Handlung für sich allein genommen sagt noch nichts über die Beziehung eines Kindes zu einer Person aus, die den Übergriff vornimmt. In der psychotherapeutischen Praxis berichten außerdem besonders häufig Patientinnen, aber auch Patienten, die in der Kindheit sexuell missbraucht worden waren, von zusätzlichen körperlichen Misshandlungen meist durch Familienmitglieder. Dennoch besteht heute kein Zweifel darüber, dass zwischen psychopathologischen und psychosomatischen Auffälligkeiten und Erkrankungen im Erwachsenenalter und sexuellen Missbrauchserfahrungen in der Kindheit Zusammenhänge bestehen. Dies konnte sowohl in klinischen Studien wie auch in nichtklinischen Studien wiederholt gezeigt werden (Browne u. Finkelhor 1986; Bagley u. Ramsey 1986; Burnam et al. 1988; Mullen et al. 1988; Peters 1988; Mullen 1990; Tong u. Oates 1990; Beitchman et al. 1992; Bushnell et al. 1992; Kinzl u. Biebl 1992; Romans et al. 1995; Richter-Appelt u. Tiefensee 1996a; 1996b; Tiefensee 1997; Richter-Appelt 1997; Richter-Appelt, im Druck).

Zunächst stand im Vordergrund des Interesses die Prävalenz von sexuellem Missbrauch in der Allgemeinbevölkerung, aber auch in bestimmten Untersuchungsgruppen wie etwa bei Alkoholikerinnen, Frauen mit Essstörungen. Obwohl in diesen Studien meistens unterschiedliche Methoden der Stichprobenerhebung, unterschiedliche Untersuchungsinstrumente und unterschiedliche, meist univariate Auswertungsmethoden zur Anwendung kamen, stimmten die Autoren hinsichtlich der Bedeutung von sexuellem Missbrauch für spätere Erkrankungen und Probleme überein. In letzter Zeit wurde allerdings in zunehmendem Maße diskutiert, inwiefern man von einem kausalen **Zusammenhang** zwischen sexuellem Missbrauch und späteren Auffälligkeiten sprechen kann, oder ob vielmehr andere Faktoren wie zum Beispiel soziodemographische, familiäre oder psychodynamische eine entscheidende Rolle dafür spielen, ob nach sexuellen Missbrauchserfahrungen in der Kindheit lang- oder kurzfristige Krankheiten und Probleme auftreten (vgl. Rind u. Tromovich 1997). Dies würde jedenfalls eine Antwort auf die Frage erlauben, warum manche Frauen oder Männer nach sexuellem Missbrauch in der Kindheit im Erwachsenenalter mehr oder minder schwer erkranken und andere nicht. Zusammenfassend lässt sich sagen, dass innerfamiliäre Faktoren für das Auftreten von sexuellem Missbrauch wichtiger sind als soziodemographische.

Wenig Beachtung wurde in empirischen Untersuchungen zum sexuellen Missbrauch lange Zeit der Tatsache geschenkt, dass sexueller Missbrauch häufig nicht als isoliertes Phänomen sondern in Kombination mit körperlicher Misshandlung (damit ist hier nicht die oft beschriebene Gewaltanwendung bei sexuellem Missbrauch gemeint), seelischer Misshandlung und Vernachlässigung vorkommt. In der Hamburger Studie zu sexuellen Traumatisierungen und körperlichen Misshandlungen (Richter-Appelt et al. 1995) wurde an einer nichtklinischen Stichprobe junger Erwachsener untersucht, inwiefern Adoleszente, die in der Kindheit körperliche und/oder sexuelle Misshandlungen erfahren haben, sich untereinander, vor allem aber von hinsichtlich Missbrauch und Misshandlung unauffälligen Kontrollpersonen unterscheiden. Neben der Überprüfung von Gruppenunterschieden war das Hauptanliegen der Untersuchung, zu testen, welche Zusammenhänge bei Berücksichtigung mehrerer Variablen einen signifikanten Beitrag zur statistischen Vorhersage der Folgen von körperlicher Misshandlung und sexuellem Missbrauch leisten. Diese multivariaten Analysen wurden an anderer Stelle ausführlich dargestellt (Richter-Appelt u. Tiefensee 1996a; 1996b).

Hier soll das Schwergewicht auf die Bedeutung des Schweregrades sexueller Missbrauchserfahrungen, vor allem im Zusammenhang mit körperlichen Misshandlungen und sexuellen Problemen im Erwachsenenalter, gelegt werden. Außerdem wird der Suche nach protektiven Faktoren bei Frauen, die trotz sexueller Missbrauchserfahrungen keine Symptome im Erwachsenenalter zeigen, nachgegangen.

Die Hamburger Studie[1]

Untersuchungsinstrument

Für die Studie wurde ein umfangreicher Fragebogen entwickelt, der neben demografischen Daten sexuelle Erfahrungen und körperliche Umgangsformen sowie Aspekte der sozialen und familiären Situation in der Kindheit erfasst. Grundsätzlich wird in dieser Studie als Kindheit der Zeitraum vor dem 12. Lebensjahr verstanden. Diese Altersgrenze wurde festgelegt, um nicht erste, eventuell auch negative Erlebnisse in der Pubertät als sexuelle Missbrauchserfahrungen in der Kindheit mitzuerfassen. Die Untersuchungsteilnehmer wurden nicht darauf hingewiesen, dass vor allem Zusammenhänge zwischen körperlichen und sexuellen Misshandlungen und bestimmten psychosozialen und familiären Aspekten interessierten, sondern erhielten die Instruktion, es stünden positive und negative Formen des Umgangs mit dem Körper und der Sexualität in der Kindheit im Vordergrund des Interesses. Alle Angaben zu den Eltern beziehen sich immer auch auf andere Elternfiguren wie Stiefvater oder Freund der Mutter, die angegeben werden sollten. Der **Fragebogen** besteht aus folgenden **Abschnitten**:

- Fragen zur Person, zur sozialen und familiären Situation in der Kindheit;
- Probleme vor dem 12. Lebensjahr, Probleme nach dem 12. Lebensjahr;
- Partnerbeziehung der Eltern und deren Beziehung zu der/m Befragten, Fragebogen zum Erziehungsverhalten (modifiziert nach Parker et al. [1975]);
- Positive und negative Erfahrungen mit körperlicher Zuwendung und Ablehnung durch Familienmitgliedern oder andere Personen sowie deren kurzfristige Folgen und Verarbeitung. Die Angaben aus diesem Fragebogenteil bildeten die Grundlage für die Gruppenzuteilung zur Gruppe »körperlich misshandelt«.
- Positive und negative Erfahrungen im Bereich der Sexualität in der Kindheit, im Jugend- und im Erwachsenenalter. In Anlehnung an Finkelhor (1979) wurde zunächst ein möglichst genaues Bild der Ereignisse erhoben, bevor abschließend eine Einschätzung erbeten wurde, ob es sich dabei um einen sexuellen Missbrauch gehandelt habe. Schließlich sollte noch angegeben werden, ob die befragte Person sich unabhängig von den geschilderten Ereignissen als sexuell missbraucht bezeichnen würde. Die Angaben aus diesem Teil wurden für die Zuteilung zu der Gruppe »sexuell missbraucht« herangezogen.
- Einstellung zur Sexualität zum Zeitpunkt der Befragung und bisherige sexuelle Erfahrungen;
- Einstellung zum eigenen Körper zum Zeitpunkt der Befragung. Die bewusste Einstellung zum eigenen Körper wurde mit dem Fragebogen von Strauß u. Appelt (Strauß u. Appelt 1983; Strauß u. Richter-Appelt 1996) erhoben. Er setzt sich aus den Skalen »Unsicherheit/Missempfinden«, »Attraktivität/Selbstvertrauen« und »Akzentuierung des Körpers« zusammen.

Stichprobe und Gruppeneinteilung

Von Projektmitarbeitern wurden 3000 Fragebögen vorwiegend an Studentinnen und Studenten verschiedener Hamburger Hochschulen verteilt. Insgesamt kamen 1085 Fragebögen zurück, von denen 1068 in die Auswertung eingehen konnten, 616 von Frauen und 452 von Männern. Das Durchschnittsalter der Gesamtstichprobe der Frauen betrug 24,6 Jahre (SD = 3,6), das der Männer 24,4 Jahre

---

[1] Die Pilotstudie zu dieser umfangreichen Untersuchung wurde von der Charles-Hosie-Stiftung, Hamburg finanziert, die Hauptstudie von der Deutschen Forschungsgemeinschaft gefördert (Projekt Ri-558/1-3). Mitarbeiterinnen und Mitarbeiter des Projektes waren die Diplompsychologinnen Charlotte Becker, Christine Gaenslen-Jordan, Jutta Tiefensee, Ruth Ladendorf und Natascha Wehnert-Franke. Als studentische Hilfskräfte wirkten mit: Eberhard Binder, Stephan Kawski und Gunnar Pihl.

(SD = 3,2). Ungefähr drei Viertel aller Befragten waren Studentinnen und Studenten und 90%hatten ein Abitur als Schulabschluss. 61%der Frauen und 60% der Männer lebten in einer festen Partnerschaft, neun Prozent der Frauen und fünf Prozent der Männer hatten mindestens ein Kind. Mithilfe eines festgelegten Kriterienkatalogs wurden die untersuchten Personen anhand der Angaben in dem Fragebogen folgenden **Gruppen** zugeteilt:
- den in der Kindheit (d.h. vor dem 12. Lebensjahr) sexuell Missbrauchten und körperlich Misshandelten
- den nur sexuell Missbrauchten
- den nur körperlich Misshandelten

Hatte eine Person mindestens eine erlebte sexuelle Handlung als Missbrauch bezeichnet oder eine Handlung erwähnt, die von den sechs Raterinnen und Ratern der Untersuchung eindeutig als sexuelle Handlung bezeichnet wurde, und die unter Anwendung von Druck oder Gewalt vor dem 12. Lebensjahr stattfand, so wurde sie nach festgelegten Kriterien der Gruppe der sexuell Missbrauchten zugeordnet. Frauen, die keine nähere Angabe zu einer sexuellen Missbrauchssituation machten, sich selbst jedoch als sexuell missbraucht bezeichneten, wurden einer eigenen Gruppe sexuell Missbrauchter durch Selbsteinschätzung zugeteilt. Im Gegensatz dazu wurden von Männern wiederholt Situationen geschildert, die von den Ratern als sexuelle Missbrauchserfahrung eingestuft wurden, nicht jedoch von den Befragten selbst. Diese Personen wurden der Gruppe »sexuell missbraucht« zugeordnet. Die Zuordnung einzelner Personen zur Gruppe »körperlich misshandelt« wurde ebenfalls aufgrund der Angaben im Fragebogen vorgenommen. Dabei mussten entweder häufige leichte (z.B. Ohrfeigen), seltene schwere (z.B. Schläge mit Gegenständen) oder einmalige sehr schwere Misshandlungen oder Verletzungen (z.B. Verbrennungen) angegeben sein.

Ergebnisse
Positive sexuelle Erfahrungen in der Kindheit

Bevor auf sexuelle Missbrauchserfahrungen in der Kindheit eingegangen werden soll, werden Angaben zu positiven sexuellen Erfahrungen in der Kindheit dargestellt. Dies ist ein Aspekt, der in Studien zu sexuellen Missbrauchserfahrungen in der Kindheit in der Regel keine Erwähnung findet. Anders als in dem Themenkomplex »körperliche Umgangsformen« wurde im Zusammenhang mit sexuellen Erfahrungen in der Kindheit in Anlehnung an Finkelhor (1979) nach wichtigen Erlebnissen gefragt, die konkret erinnert und in vorgegebenen Kategorien beschrieben und positiv oder negativ bewertet werden sollten. Im Folgenden soll genauer betrachtet werden, wie häufig in den verschiedenen Gruppen sexuelle Erfahrungen in der Kindheit mit Kindern angegeben wurden, und wie groß der Anteil der positiven Erlebnisse in den einzelnen Teilstichproben war.

Der Anteil der Frauen, die mindestens eine sexuelle Erfahrung angab, die sie vor ihrem 12. Geburtstag mit anderen Kindern machte, lag dabei am höchsten in den Gruppen derer, die sexuell missbraucht oder körperlich misshandelt wurden (77% bzw. 71%). In der Gruppe der Unauffälligen wurden mit 53% die wenigsten sexuellen Erfahrungen **unter Kindern** berichtet. Der Anteil der positiven sexuellen Erfahrungen an diesen Angaben reicht von 74% in der Gruppe der Unauffälligen bis zu 40% in der Gruppe der sexuell Missbrauchten und körperlich Misshandelten. Mit 47% wurden auch in der Gruppe derer, die sich selbst als sexuell missbraucht bezeichneten, fast die Hälfte der angegebenen sexuellen Erfahrungen nachträglich als positiv eingestuft. Die Ergebnisse zeigen, dass viele Kinder sexuelle Erlebnisse mit Kindern haben, aber auch, dass diese positiv oder negativ beurteilt werden. Interessanterweise gaben unter den Frauen vor allem diejenigen mit sexuellen Missbrauchserfahrungen, die auch noch körperlich misshandelt worden waren, sexuelle Erlebnisse mit anderen Kindern an. Zusammenfassend ist hervorzuheben, dass sowohl in der Stichprobe der Frauen als auch in jener der Männer in allen Gruppen ein großer Anteil positiv beurteilter sexueller Erfahrungen berichtet wurde.

Die Prävalenz von Missbauchs- und Misshandlungserfahrungen

12% der Frauen und zwei Prozent der Männer wurden als körperlich misshandelt und sexuell missbraucht klassifiziert, 11% der Frauen und zwei Prozent der Männer als nur sexuell missbraucht und 16% der Frauen und 12% der Männer als nur körperlich misshandelt. Da relativ viele Frauen zwar keine Missbrauchssituation angaben, aber die globale Frage, ob sie sich als sexuell missbraucht bezeichnen würden, bejahten, wurden diese zu einer eigenen Gruppe zusammengefasst. Die Gruppe der 12% sexuell missbrauchten und körperlich misshandelten Frauen teilt sich somit auf in sieben Prozent nach Rating und fünf Prozent nach Selbsteinschätzung als sexuell missbraucht bezeichnete. Analog gliedert sich die Gruppe der nur sexuell missbrauchten Frauen in vier Prozent nach Rating und sieben Prozent nach Selbsteinschätzung. Insgesamt waren also 23% der Frauen als sexuell missbraucht eingeschätzt worden, 28% der Frauen als körperlich misshandelt. Aus auswertungsökonomischen Gründen wurden die Teilstichproben der hinsichtlich Missbrauch und Misshandlung unauffälligen Personen für die weitere statistische Auswertung nach dem Zufallsprinzip auf 209 Frauen reduziert.

Formen des Missbrauchs

Von den Frauen wurde am häufigsten das Berühren der Geschlechtsteile genannt (vgl. Richter-Appelt u. Tiefensee 1996a). Unter 67 Frauen, die sexuelle Missbrauchserfahrungen angaben, waren zehn (15%), die von Koitus vor dem 12. Lebensjahr berichteten, sechs (9%) von Fellatio und drei (5%) von Analverkehr. Als Täter wurden praktisch nur Männer genannt. Nur zwei Frauen der gesamten Stichprobe gaben eine Frau als Täterin an. 16% der sexuell missbrauchten Frauen gaben an, von mehreren Personen gleichzeitig missbraucht worden zu sein, in sieben Fällen von mehreren männlichen Personen, in drei Fällen von einem Mann in Anwesenheit einer Frau beziehungsweise eines anderen Mädchens. Die meisten befragten Personen waren zum Zeitpunkt der beschriebenen Missbrauchserfahrung zwischen sechs und 11 Jahre alt. Obwohl nur von 18 Männern Angaben zu sexuellen Missbrauchserfahrungen vorliegen, lässt sich hinsichtlich des Alters des Täters eine Tendenz beobachten, dass Mädchen am häufigsten sexuelle Missbrauchserfahrungen mit erwachsenen Männern machten, was bei den Jungen nur für diejenigen zutraf, die auch körperlich misshandelt worden waren. Sexuell missbrauchte Jungen, die nicht körperlich misshandelt worden waren, gaben als Täter sehr viel häufiger einen anderen Jungen unter 14 Jahren an als einen Jugendlichen zwischen 14 und 18 oder einen Erwachsenen. Schließlich wurde untersucht, ob der Täter aus dem sozialen Nahraum des Kindes stammte oder ein Fremder war. Erwachsene aus dem sozialen Nahraum wurden am häufigsten von nur sexuell missbrauchten Frauen genannt (39%), gefolgt von Frauen, die körperlich und sexuell missbraucht worden waren.

Schwere des Missbrauchs und sexuelle Probleme

15% (n=10) der 67 sexuell missbrauchten Frauen wurden als schwer sexuell missbraucht eingestuft (mit koitaler, analer oder oraler Penetration vor dem 12. Geburtstag). Alle diese Frauen waren auch körperlich misshandelt worden und 70% gaben sexuelle Probleme im Erwachsenenalter an. 36% (n = 24) wurden als mittelschwer sexuell missbraucht eingestuft (mit versuchter Penetration oder anderen Formen sexueller Gewalt, Masturbation etc. unter Anwendung von Gewalt). In dieser Gruppe wurden 63 % auch körperlich misshandelt und 70% gaben sexuelle Probleme im Erwachsenenalter an. 49% (n = 33) wurden als leicht sexuell missbraucht eingestuft (andere Formen von sexuellem Körperkontakt ohne versuchte oder vollzogene Penetration unter Druck). In dieser Gruppe befanden sich 52% mit körperlichen Misshandlungserfahrungen und nur 21% mit sexuellen Problemen im Erwachsenenalter (in der unauffälligen Kontrollgruppe gaben 15% sexuelle Probleme an).

Protektive Faktoren bei Frauen mit sexuellen Missbrauchserfahrungen

Unter den Frauen mit sexuellen Missbrauchserfahrungen, die keinerlei Symptome im Erwachsenenalter entwickelt hatten (9 von 67, d. h. 13%) befand sich keine einzige, die der Untergruppe der Frauen mit schweren Missbrauchserfahrungen zugeordnet wurde und nur eine einzige mit mittelschweren Missbrauchserfahrungen. Keine einzige hatte Erfahrungen mit körperlichen Misshandlungen angegeben. 50% hatten nur eine sexuelle Missbrauchssituation erlebt, 50% maximal drei. Außerdem waren diese Frauen signifikant älter (im Durchschnitt um zwei Jahre, d.h. 11 Jahre), als der Missbrauch stattfand. Diese Frauen kamen aus Familien mit wenigen Konflikten, einer guter Partnerbeziehung der Eltern (bzw. maßgeblicher Erziehungspersonen) und einer guten Beziehung zwischen den Eltern und dem Kind. Die Mütter waren protektiv und nicht depressiv. In der Selbstbeschreibung als achtjähriges Kind beschrieben sie sich als intelligent, sehr selbstsicher und in einer guten Beziehung zu der Hauptbezugsperson. Aus diesen Ergebnissen lässt sich ableiten, dass es Frauen gibt, die nach sexuellen Missbrauchserfahrungen keine Symptome entwickeln, so es sich um leichte Missbrauchserfahrungen handelt, keine körperlichen Misshandlungen stattgefunden haben und weitere familiäre protektive Faktoren wirken.

Symptome und Probleme nach dem 12. Lebensjahr

Für den Zeitraum nach dem 12. Lebensjahr wurde nach Suchtmittelkonsum, Essproblemen, Autoaggressionen, körperlichen Beschwerden und sexuellen Problemen gefragt. Stellt man einen Vergleich zwischen den einzelnen Teilstichproben an, findet man eine deutliche Häufung von Problemen in den Gruppen der körperlich misshandelten und/oder sexuell missbrauchten Frauen (und Männern). Bei den Frauen sind es vor allem Abhängigkeitsprobleme (inklusive Rauchen) und Autoaggressionen, körperliche Beschwerden und sexuelle Probleme. Die Männer gaben interessanterweise kaum Probleme mit Suchtmitteln an, wohl aber Essprobleme, autoaggressive Tendenzen, körperliche und sexuelle Probleme (vgl. Richter-Appelt 1997; 2003).

Die Einstellung zum eigenen Körper

Die Einstellung zum eigenen Körper zum Zeitpunkt der Befragung wurde mit dem Körperfragebogen von Strauß und Appelt (1983) erfasst. Dieser Fragebogen beschreibt verschiedene bewusste **Einstellungen** in den drei folgenden **Skalen**:
- Unsicherheit/Missempfinden
- Attraktivität/Selbstvertrauen
- Akzentuierung/Sensibilität

Die sexuell missbrauchten (nach Rating und nach Selbsteinschätzung) und körperlich misshandelten Frauen, aber auch diejenigen, die nur sexuell missbraucht worden waren, erlebten in der Beziehung zu ihrem Körper eine deutlich größere Unsicherheit als nur körperlich misshandelte Frauen und Frauen der Kontrollgruppe. In dem Faktor Attraktivität/Selbstvertrauen unterschieden sich die Teilstichproben statistisch nicht. Dies entspricht dem klinischen Eindruck, dass sich Frauen mit sexuellen Missbrauchserfahrungen keineswegs körperlich vernachlässigen oder auf Andere verunsichert wirken, sondern manchmal sogar durch ihr besonders gepflegtes, verführerisches Äußeres auffallen. Hinsichtlich der Akzentuierung des eigenen Körpers und der Sensibilität bestand kein signifikanter Unterschied zwischen den Frauen, die körperlich misshandelt und denjenigen, die nicht misshandelt worden waren. Hingegen zeigten Frauen, die sexuell missbraucht worden waren, eine erhöhte Akzentuierung beziehungsweise Sensibilisierung des Körpers. Besonders hohe Werte fanden sich unter den Frauen, die nach Selbsteinschätzung sexuell missbraucht und körperlich misshandelt wurden. Da keine Angaben darüber vorliegen, warum diese Frauen sich als missbraucht bezeichneten, könnte dies heißen, dass sie besonders auf ihren Körper achten und schon harmlose Annäherungen als Missbrauch erleben. Es ist aber auch denkbar, dass diese Frauen aufgrund besonders traumatischer Erlebnisse ihrem Körper mehr Bedeutung schenken als Frauen der anderen Gruppen (Richter-Appelt et al. 1995; Strauß u. Richter-Appelt 1996).

Diskussion

Obgleich einleitend betont wurde, wie wichtig es sei, zwischen sexueller Traumatisierung und sexuellem Missbrauch zu unterscheiden, wurde im Folgenden der Begriff des sexuellen Missbrauchs in Anlehnung an den allgemeinen Sprachgebrauch und seiner Verwendung bei vielen wissenschaftlichen Fragestellungen auch in dieser Darstellung benutzt. Die vorgestellte Untersuchung, die an einer nichtklinischen Stichprobe durchgeführt wurde, erbrachte hoch signifikante Zusammenhänge zwischen sexuellem Missbrauch und körperlicher Misshandlung mit Problemen und Symptomen im Jugend- und Erwachsenenalter und macht deutlich, wie wichtig es ist, sexuellen Missbrauch nicht isoliert zu betrachten, sondern vor allem körperliche Misshandlungen, die nicht in unmittelbarem Zusammenhang mit dem sexuellen Missbrauch stehen, mit zu berücksichtigen. Auf die verschiedenen Symptome (Essstörungen, selbstverletzendes Verhalten, Suchtprobleme), die im Zusammenhang mit Missbrauch auftraten, wurde an anderer Stelle ausführlich eingegangen (Richter-Appelt 1997; Richter-Appelt, im Druck). Von besonderer Bedeutung ist hier die Frage, welche Auswirkungen Missbrauch und Misshandlung auf den Bereich der Sexualität haben.

Die Ergebnisse zeigen, dass viele Kinder sexuelle Erlebnisse mit Kindern haben, aber auch, dass diese sowohl positiv wie auch negativ beurteilt werden. Interessanterweise geben unter den Frauen vor allem diejenigen mit sexuellen Missbrauchserfahrungen, die zusätzlich körperlich misshandelt wurden, am häufigsten sexuelle Erlebnisse mit anderen Kindern an. Wichtig ist zu erwähnen, dass hier nicht alle positiven Erfahrungen im Bereich der Sexualität erfasst wurden, sondern vielmehr nur Angaben zu den beiden **wichtigsten positiven** Erfahrungen gemacht werden sollten. Und dennoch machen die vorliegenden Daten deutlich, dass man nicht davon ausgehen darf, dass Personen mit sexuellen Missbrauchserfahrungen keine positiven Erfahrungen im Bereich der Sexualität machten. Dieser Aspekt fehlt unseres Wissens völlig in bisherigen empirischen Studien zum sexuellen Missbrauch. Weitere Untersuchungen könnten überprüfen, ob Personen mit positiven sexuellen Erfahrungen in der Vorgeschichte Situationen, in denen ein Missbrauch stattfindet, vielleicht viel weniger traumatisierend erleben, als Personen für die die Missbrauchserfahrung die einzige Erfahrung im Bereich der Sexualität ist. Auch kann man annehmen, dass sich Personen mit positiven Erfahrungen besser abgrenzen und besser vor Übergriffen schützen können. Die Tatsache, dass in den Gruppen der sexuell Missbrauchten, beziehungsweise derer, die sich selbst als sexuell missbraucht bezeichnen, insgesamt mehr sexuelle Erfahrungen beschrieben werden als in den Gruppen der Unauffälligen, kann aber auch im Sinne einer frühreifen sexuellen Entwicklung verstanden werden, die in der Literatur immer wieder beschrieben wird (vgl. Hirsch 1989). Auch hier erscheinen weitere Untersuchungen, zum Beispiel im Hinblick auf eine sexualisierte Atmosphäre in der Herkunftsfamilie beziehungsweise ein sexualisiertes Verhalten des Kindes nach sexuellen Missbrauchserfahrungen sinnvoll. Es bleibt noch einmal zu betonen, dass mit der Hervorhebung positiver sexueller Erfahrungen nicht die schwerwiegende Bedeutung sexueller Missbrauchserfahrungen verharmlost werden soll. Es geht vielmehr um eine Erweiterung des Blickwinkels, die es erst möglich macht, sexuellen Missbrauch beziehungsweise sexuelle Traumatisierung mit allen zerstörerischen Implikationen im Gesamtzusammenhang körperlicher Erfahrungen zu erfassen.

Schon früh wurde darauf hingewiesen, dass Frauen, die sexuell missbraucht worden waren, bereits in der Kindheit ein sexualisiertes Verhalten zeigten, ferner später zu Prostitution und Promiskuität neigten, andere wiederum jede Form von Sexualität mieden. Auch wurde der Frage nachgegangen, inwiefern sexuelle Missbrauchserfahrungen in der Kindheit die Erregungs- und Orgasmusfähigkeit von Frauen beeinträchtigen würden. Bei Männern hingegen, die ja sehr viel häufiger von Männern als von Frauen sexuell missbraucht werden, stellt eine wichtige Frage in der Diskussion dar, inwiefern diese Missbrauchserfahrungen zu Homosexualität im Erwachsenenalter führen würden. Finkelhor (1979) fand in einer Untersuchung, dass sich Opfer von sexuellem Missbrauch häufiger scheiden ließen und mit ihren Partnerbeziehungen weniger zufrieden waren als nicht missbrauchte Frauen. Der Autor betont in seiner Interpretation der Ergebnisse allerdings, dass nicht sicher sei, worauf diese Ergebnisse zurückzuführen seien, ob auf allgemeine Beziehungsprobleme oder Probleme im Bereich der Sexualität.

Finkelhor und Browne (1985) entwickelten ein Modell zu traumatischen sexuellen Erfahrungen. Sie beschreiben **verschiedene Mechanismen**, wie sich sexueller Missbrauch auf die spätere Sexualität auswirken könne. Einerseits können spätere sexuelle Erfahrungen auch mit rücksichtsvollen und einfühlsamen Sexualpartnern traumatisch erlebt werden, da mit jeder Form von Sexualität negative Erinnerungen wachgerufen werden, besonders, wenn der sexuelle Missbrauch mit Ekel und Furcht verbunden war. Anderseits kann man immer wieder beobachten, dass gerade der Missbrauchende diejenige Person ist, die dem Kind »liebevolle« Zuwendung schenkt. Das Kind lernt über sexuelle Handlungen Zuwendung zu erhalten und in Beziehungen Sexualität zu funktionalisieren. In diesem Fall werden später sexuelle Erlebnisse keineswegs vermieden, sondern sogar gesucht, ohne eine Beziehung einzugehen, jedoch gleichzeitig als nicht befriedigend erlebt. Einen weiteren Gesichtspunkt auf den Finkelhor und Browne hinweisen, ist die Stigmatisierung nach Bekanntwerden von sexuellem Missbrauch. Besonders Mädchen gelten als verführerisch, verdorben, werden bloßgestellt und entwertet. Schließlich wird das Kind getäuscht und damit werden die Fähigkeiten, anderen Menschen zu vertrauen, gestört. Nicht selten suchen sexuell missbrauchte Frauen Partner, die die Vergehen wieder gut machen, die Schuld tilgen sollen. In anderen Fällen werden Partnerschaften schnell geschlossen, um der Missbrauchssituation zu entfliehen. Brière und Runtz (1993) beschreiben ebenfalls, dass Opfer von sexuellem Missbrauch teilweise schnell Beziehungen eingehen, schnell sexuell aktiv werden, ohne über den Partner weiter nachzudenken. Auf diesem Wege hoffen sie schnell Geborgenheit und Nähe zu erlangen. Andere haben Schwierigkeiten, eine Partnerschaft einzugehen.

Bereits 1961 beschäftigte sich Stourzh in ihrer Arbeit zur Anorgasmie der Frau mit der Bedeutung von Inzesterfahrungen für das **Orgasmuserleben**. Die Schlussfolgerung dieser Arbeit ist noch heute gültig. Sie besagt, dass sexueller Missbrauch an einer späteren Anorgasmie schuld sein kann, aber sicherlich nicht absolut Orgasmus hemmend wirkt. Ein anderes wichtiges Ergebnis ist die Aussage, dass von 13 Frauen nur eine einzige eine Anorgasmie bei dem Vorfall des Missbrauchs (hier handelt es sich allerdings um Vergewaltigungen) beschreibt, das heißt die anderen Frauen sollen einen Orgasmus während des ungewollten Geschlechtsverkehrs erlebt haben. Allerdings handelte es sich dabei nicht um sexuellen Missbrauch im Kleinkindalter. Dieses Ergebnis widerspricht der weit verbreiteten Auffassung, der Orgasmus der Frau habe in jedem Fall etwas mit der Güte der sexuellen Beziehung zu tun. Auf diesen Aspekt sowie weitere Detailergebnisse zur Sexualität nach Missbrauch und Misshandlung bin ich an anderer Stelle genauer eingegangen (Richter-Appelt 1997; 2001). Im Gegensatz zu den eben dargelegten Ergebnissen beschrieben Jackson et al. (1990) bei einer klinischen Stichprobe, dass Missbrauchsopfer weniger häufig einen Orgasmus erleben, weniger sexuell angesprochen werden und weniger sexuelle Befriedigung erfahren. Sexuelle Handlungen sollen sie selten erregen und sie sollen vermehrt über Dyspareunie (schmerzhafter Geschlechtsverkehr) und Vaginismus (psychisch bedingter Scheidenkrampf) leiden. Auch Wyatt (1991) meint, dass sexuell missbrauchte Frauen ein geringeres Interesse an Sexualität hätten und sexuelle Begegnungen, bei denen sie die Initiative ergreifen oder sexuelle Wünsche äußern sollten, vermeiden würden.

Die Tatsache, dass in unserer Untersuchung Frauen und Männer, die sexuell missbraucht und körperlich misshandelt worden waren, deutlich mehr Probleme im Bereich der Sexualität angaben als nur sexuell missbrauchte – bei den Männern sogar die nur körperlich misshandelten fast doppelt so häufig sexuelle Probleme nannten als die nur sexuell missbrauchten –, legt die Vermutung nahe, dass nicht der Missbrauch allein für die sexuellen Probleme verantwortlich gemacht werden darf. Multivariate Analysen der Daten der Hamburger Studie haben allerdings gezeigt, dass selbst bei Berücksichtigung einer ganzen Reihe von anderen psychosozialen und familiären Variablen bei den Frauen sexueller Missbrauch, aber eben auch körperliche Misshandlungen zur statistischen Vorhersage von sexuellen Problemen im Erwachsenenalter beitragen. Bei den Männern bleiben auch in den multivariaten Modellen nur die körperlichen Misshandlungen für die Vorhersage von sexuellen Problemen enthalten. Welche Schlussfolgerungen lassen sich aus diesen vielen Einzelergebnissen ziehen? Wie bereits eingangs betont, sollten wir nicht von univariaten Zusammenhängen zwischen Missbrauch oder Misshandlung und bestimmten

Folgeerscheinungen ausgehen, sondern immer im Auge behalten, dass die Vorgeschichte eines Kindes und damit alle die psychosexuelle Entwicklung beeinflussenden Faktoren mit dazu beitragen, ob nach Missbrauch und/oder Misshandlung Folgeschäden zu beobachten sind oder nicht.

Literatur

Amann G, Wipplinger R (Hrsg) (1997). Sexueller Mißbrauch: Überblick zu Forschung, Beratung und Therapie. Ein Handbuch. Tübingen: DGVT.
Anzieu D (1991). Das Haut-Ich. Frankfurt: Suhrkamp.
Bagley C, Ramsay R (1986). Sexual abuse in childhood: psychological outcomes and implications for social work practice. J Soc Work Hum Sex 4: 33-47.
Beitchman JH, Zucker KJ, Hood JE, daCosta GA, Akman D (1991). A review of the short-term effects of child sexual abuse. Child Abuse Negl 15: 537-56.
Beitchman JH, Zucker KJ, Hood JE, daCosta GA, Akman D, Cassavia E (1992). A review of the long-term effects of child sexual abuse. Child Abuse Negl 16: 101-18.
Brière J, Runtz M (1993). Childhood sexual abuse: Long-term sequelae and implications for psychological assessment. Special Issue: Research on treatment of adults sexually abused in childhood. J Interpersonal Violence 8: 312-30.
Browne A, Finkelhor D (1986). Impact of child sexual abuse: a review of the research. Psychol Bull 99: 66-77.
Burnam MA, Stein JA, Siegel JM, Sorenson SB, Forsythe AB, Telles CA (1988). Sexual assault and mental disorders in a community population. J Consult Clin Psychol 56: 843-50.
Bushnell JA, Wells JE, Oakley-Browne MA (1992). Long-term effects of intrafamilial sexual abuse in childhood. Acta Psychiatr Scand 85: 136-42.
Dornes M (1993). Der kompetente Säugling. Die präverbale Entwicklung des Menschen. Frankfurt: Fischer.
Fegert J (1989). Diagnostik und klinisches Vorgehen bei Verdacht auf sexuellen Mißbrauch bei Mädchen und Jungen. In: Sexueller Mißbrauch im Kindesalter. Bd. 4. Walter J (Hrsg). Heidelberg: Schindele.
Finkelhor D (1979). Sexually Victimized Children. New York: Free Press.
Finkelhor D, Browne A (1985). The traumatic impact of child sexual abuse: a conceptualization. Am J Orthopsychiatry 55: 530-41.
Harlow HF (1958): The nature of love. Am Psychol 13: 673-85.
Harlow HF (1962). The heterosexual affectional system in monkeys. Am Psychol 17: 1-9.
Heigl-Evers A, Weidenhammer B (1988). Der Körper als Bedeutungslandschaft. Die unbewußte Organisation der weiblichen Geschlechtsidentität. Bern: Huber.
Hirsch M (1989). Der eigene Körper als Objekt. Berlin: Springer.
Jackson JL, Calhoun KS, Amick AE, Maddever HM, Habif VL (1990). Young adult women who report childhood intrafamilial sexual abuse: subsequent adjustment. Arch Sex Behav 19: 211-21.
Kinzl J, Biebl W (1992). Long-term effects of incest: life events triggering mental disorders in female patients with sexual abuse in childhood. Child Abuse Negl 164: 567-73.
Lichtenberg JD (1991). Psychoanalyse und Säuglingsforschung. Berlin: Springer.
Mertens W (1992). Die Entwicklung der Psychosexualität und der Geschlechtsidentität. Bd. 1. Geburt bis 4. Lebensjahr. Stuttgart: Kohlhammer.
Mullen PE (1990). The long-term influence of sexual assault on the mental health of victims. J Forensic Psychiatry 1: 13-34.
Mullen PE, Romans-Clarkson SE, Walton VE, Herbison GP (1988). Impact of sexual and physical abuse on womens' mental health. Lancet 16: 841-45.
Parker G, Tupling H, Brown L (1975). A parental bonding instrument. Br J Med Psychol 52: 1-10.
Peters SD (1988). Child sexual abuse and later psychological problems. In: Lasting Effects of Child Sexual Abuse. Wyatt GE, Powell GP (eds). Newbury Park Ca: Sage; 1-117.
Richter-Appelt H (1997). Differentielle Folgen von sexuellem Mißbrauch und körperlichen Mißhandlungen. In: Sexueller Mißbrauch. Überblick zu Forschung, Beratung und Therapie. Ein Handbuch. Amann G, Wipplinger W (Hrsg). Tübingen: DGVT-Verlag; 201-16.
Richter-Appelt H (1997). Zur Sexualität junger Erwachsener mit Mißbrauchs- und Mißhandlungserfahrungen. In: Verführung – Trauma – Mißbrauch. 1896-1996. Richter-Appelt H (Hrsg). Gießen: Psychosozial; 183-201.
Richter-Appelt H (2001). Psychotherapie nach sexueller Traumatisierung. In: Sexuelle Störungen und ihre Behandlung. 3. Aufl. Sigusch V (Hrsg). Stuttgart: Thieme; 475-88.
Richter-Appelt H (im Druck). Differentielle Folgen von sexuellem Missbrauch und körperlichen Misshandlungen. Die Bedeutung von Replikationsstudien. In: Sexueller Missbrauch. Überblick zu Forschung, Beratung und Therapie. Ein Handbuch. 2. Aufl. Amann G, Wipplinger W (Hrsg). Tübingen: DGVT-Verlag.
Richter-Appelt H, Kolb J, Becker C, Kawski S (1995). Körperliche Mißhandlungen und sexuelle Traumatisierungen in der Kindheit aus der Sicht junger Erwachsener. Hamburg: Forschungsbericht für die Deutsche Forschungsgemeinschaft.
Richter-Appelt H, Tiefensee J (1996a). Soziale und familiäre Gegebenheiten bei körperlichen Mißhandlungen und sexuellen Mißbrauchserfahrungen in der Kindheit aus der Sicht junger Erwachsener: Ausgewählte Ergebnisse der Hamburger Studie. Teil I. Psychother Psychosom Med Psychol 76: 367-78.
Richter-Appelt H, Tiefensee J (1996b). Die Partnerschaft der Eltern und die Eltern-Kind Beziehung bei körperlichen Mißhandlungen und sexuellen Mißbrauchserfahrungen in der Kindheit aus der Sicht junger Erwachsener: Ausgewählte Ergebnisse der Hamburger Studie. Teil II. Psychosom Med Psychol 76: 405-18.
Rind B, Tromovitch P (1997). A meta-analytic review of findings from national samples on psychological correlates of child sexual abuse. J Sex Res 34: 237-45.
Romans SE, Marin JL, Anderson JC, O Shea ML, Mullen PE (1995). Factors that mediate between child sexual abuse and adult psychological outcome. Psychol Med 25: 127-42.
Stourzh H (1961). Die Anorgasmie der Frau. Beiträge zur Sexualforschung. Bd. 23. Stuttgart: Enke.
Strauß B, Appelt H (1983). Ein Fragebogen zur Beurteilung des eigenen Körpers. Diagnostica 29: 145-64.
Strauß B, Richter-Appelt H (1996). Der Fragebogen zur Beurteilung des eigenen Körpers (FBeK). Göttingen: Hogrefe.
Tiefensee J (1997). Der Einfluß der Eltern-Kind-Beziehung auf die Entwicklung von Störungen nach sexuellem Mißbrauch. Aachen: Shaker.
Tong L, Oates RK (1990). Long-term effects of child sexual abuse. In: Understanding and Managing Child Sexual Abuse. Oates RK (ed). London: Harcourt Brace Jovanovich; 354-69.
Wyatt GE (1991). Child abuse and its effects on sexual functioning. Annu Rev Sex Res 2: 249-66.